# 小学语文文学常识

牛春梅 主编

时代文艺出版社

图书在版编目（CIP）数据

小学语文文学常识 / 牛春梅主编 . -- 长春：时代文艺出版社, 2024.6（2024.11重印）.
ISBN 978-7-5387-7510-5

Ⅰ. G624.223

中国国家版本馆 CIP 数据核字第 20244W9U61 号

## 小学语文文学常识
XIAOXUE YUWEN WENXUE CHANGSHI

牛春梅　主编

出 品 人：吴　刚
责任编辑：张洪双
装帧设计：阳光旭日

出版发行：时代文艺出版社
地　　址：长春市福祉大路 5788 号　　龙腾国际大厦 A 座 15 层（130118）
电　　话：0431-81629751（总编办）　　0431-81629758（发行部）
官方微博：weibo.com / tlapress
开　　本：787mm×1092mm　1 / 16
印　　张：8.5
字　　数：126 千字
印　　刷：三河市德利印刷有限公司
版　　次：2024 年 6 月第 1 版
印　　次：2024 年 11 月第 3 次印刷
书　　号：ISBN 978-7-5387-7510-5
定　　价：58.00 元

图书如有印装错误　请与印厂联系调换　（电话：010-82784430）

# 目录

## 第一章　中国古代文学

古代名家介绍 …………………………………… 1
文化典籍 ………………………………………… 19
文学体裁 ………………………………………… 27
真题再现 ………………………………………… 29

## 第二章　中国现当代文学

文学体裁基本分类 ……………………………… 30
名家名著 ………………………………………… 31
真题再现 ………………………………………… 38

## 第三章　外国文学

英　国 …………………………………………… 39
法　国 …………………………………………… 41
美　国 …………………………………………… 43
俄　国 …………………………………………… 44
苏　联 …………………………………………… 45
印　度 …………………………………………… 47
真题再现 ………………………………………… 48

## 第四章　通假字

音近通假字 ················································ 49

形近通假字 ················································ 51

真题再现 ·················································· 52

## 第五章　古今异义词

词义转移 ·················································· 53

词义扩大 ·················································· 58

词义缩小 ·················································· 59

词义弱化 ·················································· 61

词义强化 ·················································· 61

感情色彩变化 ·············································· 62

真题再现 ·················································· 64

## 第六章　借　代

部分代整体 ················································ 65

具体代抽象 ················································ 66

结果代原因 ················································ 67

特征代本体 ················································ 68

工具代本体 ················································ 69

真题再现 ·················································· 70

2

## 第七章　文言虚词

文言虚词 ······················································· 71

真题再现 ······················································· 80

## 第八章　诗词意象

植物类 ························································· 81

动物类 ························································· 83

其　他 ························································· 84

真题再现 ······················································· 86

## 第九章　趣味别称

古人称谓 ······················································· 87

文人称谓 ······················································· 90

真题再现 ······················································· 92

## 第十章　传统节日

春　节 ························································· 93

元宵节 ························································· 93

寒食节 ························································· 94

清明节 ························································· 94

端午节 ························································· 95

七夕节 .................................................. 95
中元节 .................................................. 96
中秋节 .................................................. 96
真题再现 .............................................. 97

## 第十一章　百科常识

天　文 .................................................. 98
历　法 .................................................. 99
二十四节气 ......................................... 101
地　理 ................................................ 102
真题再现 ............................................ 104

## 第十二章　文学积累

俗　语 ................................................ 105
名言警句 ............................................ 111
歇后语 ................................................ 112
真题再现 ............................................ 114

**附录**　思维导图巧记百科知识 ............ 115

**参考答案** ............................................ 127

# 第一章　中国古代文学

**考试指南**

1. 掌握中国古代名家的本名、字、身份、代表作，并积累相关名言。
2. 借助典籍梗概，了解古代典籍的主要内容。

学习难度 ★★★★　　考点频率 ★★★★★

## 古代名家介绍

### 1. 先秦

**老子**

| | |
|---|---|
| 本名 | 李耳 |
| 字 | 聃（dān） |
| 生卒年 | 不详 |
| 身份 | 道家学派创始人，思想家、哲学家、文学家、史学家 |
| 代表作 | 《道德经》 |
| 名言积累 | 轻诺必寡信。 |

**孔子**

| | |
|---|---|
| 本名 | 孔丘 |
| 字 | 仲尼 |
| 生卒年 | 前551—前479年 |
| 身份 | 儒家学派创始人，思想家、政治家、教育家 |
| 代表作 | 编著"六经"、《论语》（孔子弟子及再传弟子记录孔子及其弟子言行的著作） |
| 名言积累 | 三人行，必有我师焉。 |

1

## 墨子

| | |
|---|---|
| 本名 | 墨翟 |
| 生卒年 | 约前468—前376年 |
| 身份 | 墨家学派创始人，思想家、政治家、科学家、军事家、教育家 |
| 代表作 | 《墨子》 |
| 名言积累 | 兼相爱，交相利。 |

## 孟子

| | |
|---|---|
| 本名 | 孟轲 |
| 生卒年 | 约前372—前289年 |
| 身份 | 儒家思想代表人物之一，思想家、哲学家、政治家、教育家 |
| 代表作 | 《孟子》 |
| 名言积累 | 得道者多助，失道者寡助。 |

## 庄子

| | |
|---|---|
| 本名 | 庄周 |
| 生卒年 | 约前369—前286年 |
| 身份 | 道家学派代表人物之一，战国时期思想家、哲学家、文学家，与老子并称"老庄" |
| 代表作 | 《庄子》（《逍遥游》《齐物论》是其中的名篇） |
| 名言积累 | 天地与我并生，而万物与我为一。 |

## 屈原

| | |
|---|---|
| 本名 | 屈平 |
| 生卒年 | 约前340—前278年 |
| 身份 | 中国浪漫主义文学的奠基者，战国时期楚国诗人、政治家，"楚辞"的创立者和代表作家 |
| 代表作 | 《离骚》《九歌》《九章》《天问》 |
| 名言积累 | 路曼曼其修远兮，吾将上下而求索。 |

## 第一章　中国古代文学

### 荀子

| | |
|---|---|
| 本名 | 荀况 |
| 字 | 卿（一说时人尊而号为卿） |
| 生卒年 | 约前313—前238年 |
| 身份 | 儒家学派的代表人物之一，思想家、哲学家、教育家 |
| 代表作 | 《荀子》 |
| 名言积累 | 青，取之于蓝，而青于蓝；冰，水为之，而寒于水。 |

### 韩非子

| | |
|---|---|
| 本名 | 韩非 |
| 生卒年 | 约前280—前233年 |
| 身份 | 法家思想集大成者，哲学家、思想家、散文家 |
| 代表作 | 《韩非子》 |
| 名言积累 | 志之难也，不在胜人，在自胜也。 |

### 知识拓展

#### 诸子百家

"诸子"指的是中国先秦时期管子、老子、孔子、庄子、墨子、孟子、荀子等学术思想的代表人物；"百家"指的是法家、道家、墨家、儒家、阴阳家、名家、杂家、农家、小说家、纵横家、兵家、医家等各个学术流派的代表家。"诸子百家"是后世对先秦学术思想人物和派别的总称。

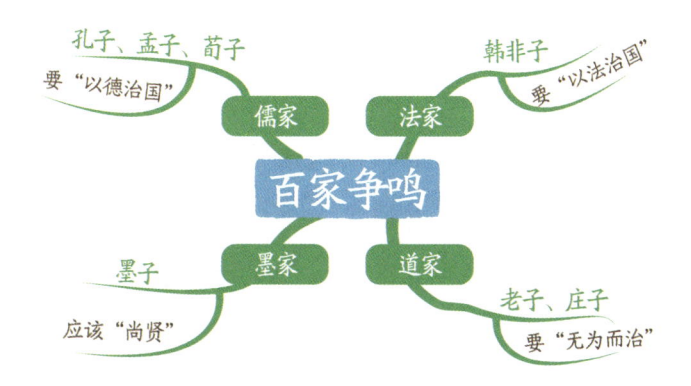

**百家争鸣**

- 儒家：孔子、孟子、荀子——要"以德治国"
- 法家：韩非子——要"以法治国"
- 墨家：墨子——应该"尚贤"
- 道家：老子、庄子——要"无为而治"

## 2. 两汉

**司马迁**

| | |
|---|---|
| 字 | 子长 |
| 生卒年 | 约前 145 年或前 135 年—？ |
| 身份 | 西汉史学家、文学家、思想家 |
| 代表作 | 《史记》《报任安书》 |
| 名言积累 | 运筹策帷帐之中,决胜于千里之外。 |

**班固**

| | |
|---|---|
| 字 | 孟坚 |
| 生卒年 | 32—92 年 |
| 身份 | 东汉史学家、文学家,与司马迁并称"班马" |
| 代表作 | 《汉书》《两都赋》 |
| 名言积累 | 功不可以虚成,名不可以伪立。 |

## 3. 魏晋

**曹操**

| | |
|---|---|
| 字 | 孟德 |
| 生卒年 | 155—220 年 |
| 身份 | 三国时期政治家、军事家、诗人 |
| 代表作 | 《观沧海》《蒿里行》《短歌行》 |
| 名言积累 | 对酒当歌,人生几何! |

**诸葛亮**

| | |
|---|---|
| 字 | 孔明 |
| 生卒年 | 181—234 年 |
| 身份 | 三国时期政治家、军事家、发明家 |
| 代表作 | 《出师表》《诫子书》 |
| 名言积累 | 夫君子之行,静以修身,俭以养德。 |

## 曹植

| | |
|---|---|
| 字 | 子建 |
| 生卒年 | 192—232 年 |
| 身份 | 三国时期诗人、文学家、音乐家 |
| 代表作 | 《七步诗》《白马篇》《洛神赋》 |
| 名言积累 | 本自同根生，相煎何太急？ |

## 陶渊明

| | |
|---|---|
| 自号 | 五柳先生 |
| 生卒年 | 约 365—427 年 |
| 身份 | 诗人 |
| 代表作 | 《桃花源记》《归去来兮辞》 |
| 名言积累 | 采菊东篱下，悠然见南山。 |

### 4. 唐朝

## 骆宾王

| | |
|---|---|
| 字 | 观光 |
| 生卒年 | 约 638—684 年 |
| 身份 | 文学家、诗人，"初唐四杰"之一 |
| 代表作 | 《咏鹅》《帝京篇》《于易水送人》 |
| 名言积累 | 鹅，鹅，鹅，曲项向天歌。白毛浮绿水，红掌拨清波。 |

## 王之涣

| | |
|---|---|
| 字 | 季凌 |
| 生卒年 | 688—742 年 |
| 身份 | 诗人 |
| 代表作 | 《登鹳雀楼》《凉州词二首》 |
| 名言积累 | 白日依山尽，黄河入海流。欲穷千里目，更上一层楼。 |

## 孟浩然

| | |
|---|---|
| 字 | 浩然 |
| 生卒年 | 689—740 年 |
| 身份 | 山水田园派诗人,与王维合称"王孟" |
| 代表作 | 《春晓》《宿建德江》《过故人庄》 |
| 名言积累 | 移舟泊烟渚,日暮客愁新。野旷天低树,江清月近人。 |

## 王昌龄

| | |
|---|---|
| 字 | 少伯 |
| 生卒年 | ?—756 年 |
| 身份 | 边塞诗人 |
| 代表作 | 《从军行》《出塞》《闺怨》《采莲曲》《芙蓉楼送辛渐》 |
| 名言积累 | 秦时明月汉时关,万里长征人未还。 |

## 高适

| | |
|---|---|
| 字 | 达夫 |
| 生卒年 | 约 700—765 年 |
| 身份 | 边塞诗人 |
| 代表作 | 《别韦参军》《燕歌行》《别董大》《封丘作》 |
| 名言积累 | 莫愁前路无知己,天下谁人不识君? |

## 王维

| | |
|---|---|
| 字 | 摩诘 |
| 生卒年 | 约 701—761 年 |
| 身份 | 山水田园诗人,有"诗佛"之称 |
| 代表作 | 《山居秋暝》《鸟鸣涧》《使至塞上》《九月九日忆山东兄弟》《鹿柴》《送元二使安西》 |
| 名言积累 | 渭城朝雨浥轻尘,客舍青青柳色新。劝君更尽一杯酒,西出阳关无故人。 |

# 第一章 中国古代文学

## 李 白

| 字 | 太白 |
|---|---|
| 生卒年 | 701—762 年 |
| 身份 | 唐代伟大的浪漫主义诗人，被后世誉为"诗仙" |
| 代表作 | 《望庐山瀑布》《夜宿山寺》《望天门山》《独坐敬亭山》《早发白帝城》 |
| 名言积累 | 朝辞白帝彩云间，千里江陵一日还。 |

### 知识拓展

#### 李白的一生

长安元年（701 年），李白出生。

出生—15 岁：早年天才，读书、写诗，小有名气。

16—27 岁：自荐失利，寄情山水，辞亲远游。

28—37 岁：游山玩水，广交好友，其间作《蜀道难》《将进酒》等千古名篇。这段时间，李白在仕途上也多方努力，几番自荐，无奈没有结果。

38—44 岁：供奉翰林，处于仕途巅峰时期，他厌倦御用文人的生活，纵酒，失宠，被赐金放还。

45—54 岁：渐生退隐之心，再次漫游。

55—60 岁：安史之乱，入幕永王，永王兵败后，李白受牵连流放夜郎。在流放途中接到大赦通知，惊喜万分，写下《早发白帝城》。

61—62 岁：李白为了挽救国家危亡主动加入军队出征，然而因病中途返回，762 年病逝于当涂县。

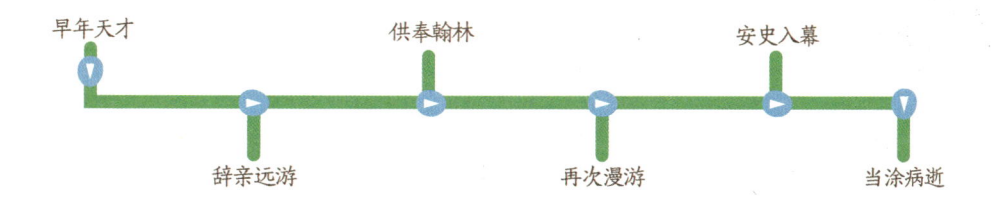

早年天才 — 辞亲远游 — 供奉翰林 — 再次漫游 — 安史入幕 — 当涂病逝

## 杜甫

| | |
|---|---|
| 字 | 子美 |
| 生卒年 | 712—770 年 |
| 身份 | 唐代伟大的现实主义诗人,被后世誉为"诗圣" |
| 代表作 | 《绝句》《江畔独步寻花》《闻官军收河南河北》《春夜喜雨》 |
| 名言积累 | 好雨知时节,当春乃发生。随风潜入夜,润物细无声。 |

## 岑参

| | |
|---|---|
| 生卒年 | 约 715—770 年 |
| 身份 | 边塞诗人 |
| 代表作 | 《行军九日思长安故园》《白雪歌送武判官归京》《逢入京使》 |
| 名言积累 | 忽如一夜春风来,千树万树梨花开。 |

## 张志和

| | |
|---|---|
| 字 | 子同 |
| 生卒年 | 732—774 年 |
| 身份 | 诗人 |
| 代表作 | 《玄真子》《大易》《渔歌子》 |
| 名言积累 | 西塞山前白鹭飞,桃花流水鳜鱼肥。青箬笠,绿蓑衣,斜风细雨不须归。 |

## 孟郊

| | |
|---|---|
| 字 | 东野 |
| 生卒年 | 751—814 年 |
| 身份 | 诗人,有"诗囚"之称 |
| 代表作 | 《游子吟》《登科后》 |
| 名言积累 | 昔日龌龊不足夸,今朝放荡思无涯。春风得意马蹄疾,一日看尽长安花。 |

## 第一章　中国古代文学

### 张籍

| | |
|---|---|
| 字 | 文昌 |
| 生卒年 | 约767—约830年 |
| 身份 | 现实主义诗人 |
| 代表作 | 《江南曲》《江村行》《湘江曲》 |
| 名言积累 | 洛阳城里见秋风，欲作家书意万重。 |

### 韩愈

| | |
|---|---|
| 字 | 退之 |
| 生卒年 | 768—824年 |
| 身份 | 文学家、思想家、哲学家、政治家、教育家，"唐宋八大家"之首 |
| 代表作 | 《早春呈水部张十八员外》《左迁至蓝关示侄孙湘》 |
| 名言积累 | 天街小雨润如酥，草色遥看近却无。 |

### 刘禹锡

| | |
|---|---|
| 字 | 梦得 |
| 生卒年 | 772—842年 |
| 身份 | 文学家、哲学家，被称为"诗豪" |
| 代表作 | 《陋室铭》《秋词》《望洞庭》 |
| 名言积累 | 谈笑有鸿儒，往来无白丁。 |

### 白居易

| | |
|---|---|
| 字 | 乐天 |
| 生卒年 | 772—846年 |
| 身份 | 现实主义诗人，有"诗魔"之称 |
| 代表作 | 《钱塘湖春行》《赋得古原草送别》《长恨歌》《琵琶行》 |
| 名言积累 | 乱花渐欲迷人眼，浅草才能没马蹄。 |

## 李绅

| | |
|---|---|
| 字 | 公垂 |
| 生卒年 | 772—846 年 |
| 身份 | 诗人 |
| 代表作 | 《悯农二首》 |
| 名言积累 | 锄禾日当午,汗滴禾下土。谁知盘中餐,粒粒皆辛苦。 |

## 柳宗元

| | |
|---|---|
| 字 | 子厚 |
| 生卒年 | 773—819 年 |
| 身份 | 文学家、哲学家、思想家,"唐宋八大家"之一 |
| 代表作 | 《溪居》《江雪》《渔翁》 |
| 名言积累 | 千山鸟飞绝,万径人踪灭。孤舟蓑笠翁,独钓寒江雪。 |

## 贾岛

| | |
|---|---|
| 字 | 阆(làng)仙(也作浪仙) |
| 生卒年 | 779—843 年 |
| 身份 | 诗人,人称"诗奴" |
| 代表作 | 《长江集》《寻隐者不遇》《病蝉》 |
| 名言积累 | 一日不作诗,心源如废井。 |

## 李贺

| | |
|---|---|
| 字 | 长吉 |
| 生卒年 | 790—816 年 |
| 身份 | 浪漫主义诗人,有"诗鬼"之称 |
| 代表作 | 《李凭箜篌引》《雁门太守行》《马诗》 |
| 名言积累 | 大漠沙如雪,燕山月似钩。何当金络脑,快走踏清秋。 |

## 杜牧

| | |
|---|---|
| 字 | 牧之 |
| 生卒年 | 803—853 年 |
| 身份 | 文学家，与李商隐合称"小李杜" |
| 代表作 | 《赤壁》《阿房宫赋》《山行》《清明》《江南春》 |
| 名言积累 | 清明时节雨纷纷，路上行人欲断魂。借问酒家何处有？牧童遥指杏花村。 |

## 李商隐

| | |
|---|---|
| 字 | 义山 |
| 生卒年 | 813—858 年 |
| 身份 | 诗人 |
| 代表作 | 《无题》《乐游原》《夜雨寄北》 |
| 名言积累 | 何当共剪西窗烛，却话巴山夜雨时。 |

## 李煜

| | |
|---|---|
| 字 | 重光 |
| 生卒年 | 937—978 年 |
| 身份 | 词人，南唐后主 |
| 代表作 | 《虞美人》《相见欢》《望江南》 |
| 名言积累 | 问君能有几多愁？恰似一江春水向东流。 |

## 5. 宋朝

### 柳永

| | |
|---|---|
| 原名 | 三变，字景庄，后改名永，字耆卿 |
| 生卒年 | 约 987—约 1053 年 |
| 身份 | 北宋著名词人，婉约派代表人物 |
| 代表作 | 《雨霖铃》《乐章集》《煮海歌》 |
| 名言积累 | 衣带渐宽终不悔，为伊消得人憔悴。 |

## 小学语文 文学常识

### 范仲淹

| | |
|---|---|
| 字 | 希文 |
| 生卒年 | 989—1052 年 |
| 身份 | 北宋政治家、文学家 |
| 代表作 | 《岳阳楼记》《渔家傲》 |
| 名言积累 | 先天下之忧而忧，后天下之乐而乐。 |

### 欧阳修

| | |
|---|---|
| 字 | 永叔 |
| 生卒年 | 1007—1072 年 |
| 身份 | 政治家、文学家、史学家，"唐宋八大家"之一 |
| 代表作 | 《醉翁亭记》《六一诗话》 |
| 名言积累 | 醉翁之意不在酒，在乎山水之间也。 |

### 司马光

| | |
|---|---|
| 字 | 君实 |
| 生卒年 | 1019—1086 年 |
| 身份 | 北宋政治家、史学家、文学家 |
| 代表作 | 《司马文正公集》《稽古录》《涑水记闻》 |
| 名言积累 | 由俭入奢易，由奢入俭难。 |

### 王安石

| | |
|---|---|
| 字 | 介甫 |
| 生卒年 | 1021—1086 年 |
| 身份 | 北宋政治家、文学家、思想家、改革家，"唐宋八大家"之一 |
| 代表作 | 《梅花》《元日》《书湖阴先生壁》《登飞来峰》《泊船瓜洲》 |
| 名言积累 | 飞来山上千寻塔，闻说鸡鸣见日升。不畏浮云遮望眼，自缘身在最高层。 |

# 第一章　中国古代文学

## 苏轼

| | |
|---|---|
| 字 | 子瞻 |
| 生卒年 | 1037—1101 年 |
| 身份 | 北宋文学家、书法家、画家，历史治水名人 |
| 代表作 | 《念奴娇·赤壁怀古》《江城子·密州出猎》 |
| 名言积累 | 欲把西湖比西子，淡妆浓抹总相宜。 |

### 知识拓展

#### 三苏

三苏，是苏洵和他两个儿子苏轼、苏辙的合称。

苏洵，字明允，号老泉，亦被称老苏。北宋文学家，散文家，"唐宋八大家"之一。他的文章往往针对北宋社会的现实而作。苏轼号铁冠道人、东坡居士，世称苏东坡、苏仙、坡仙，"唐宋八大家"之一。苏辙，字子由，一字同叔，号东轩长老，晚号颍滨遗老。文学家、思想家，"唐宋八大家"之一。其生平学问深受其父兄影响，以散文著称，擅长政论和史论。

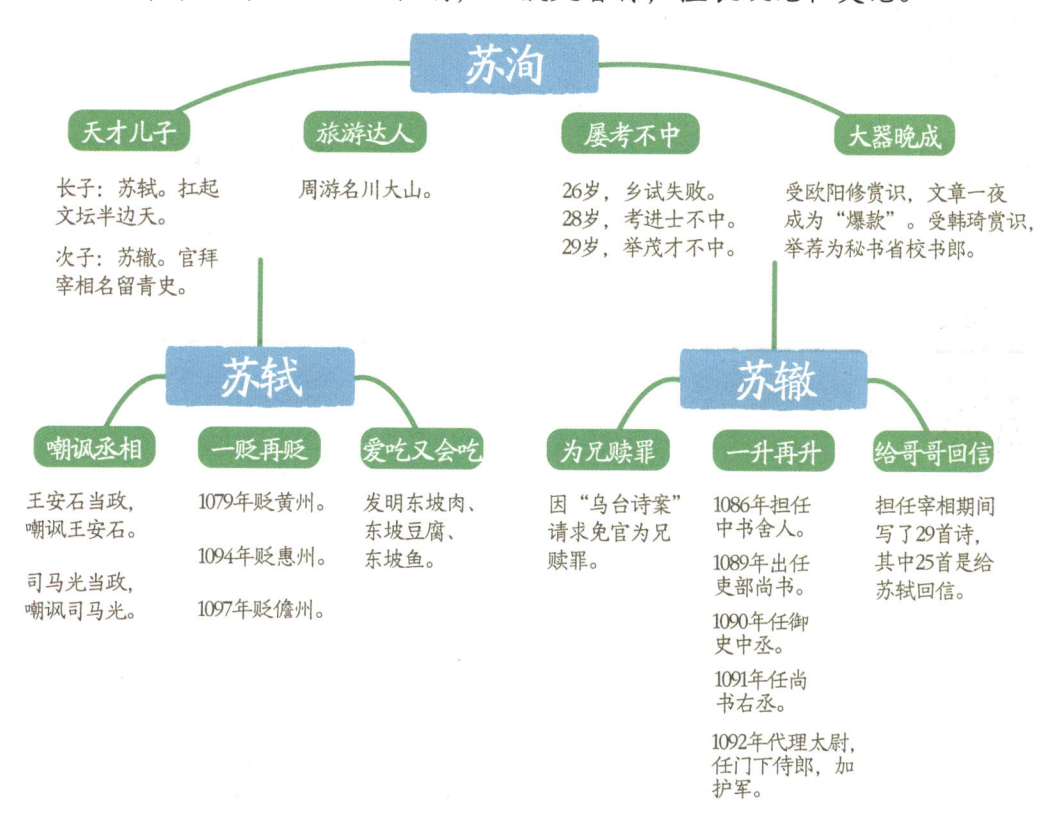

### 苏洵

**天才儿子**
长子：苏轼。扛起文坛半边天。
次子：苏辙。官拜宰相名留青史。

**旅游达人**
周游名川大山。

**屡考不中**
26岁，乡试失败。
28岁，考进士不中。
29岁，举茂才不中。

**大器晚成**
受欧阳修赏识，文章一夜成为"爆款"。受韩琦赏识，举荐为秘书省校书郎。

### 苏轼

**嘲讽丞相**
王安石当政，嘲讽王安石。
司马光当政，嘲讽司马光。

**一贬再贬**
1079年贬黄州。
1094年贬惠州。
1097年贬儋州。

**爱吃又会吃**
发明东坡肉、东坡豆腐、东坡鱼。

### 苏辙

**为兄赎罪**
因"乌台诗案"请求免官为兄赎罪。

**一升再升**
1086年担任中书舍人。
1089年出任吏部尚书。
1090年任御史中丞。
1091年任尚书右丞。
1092年代理太尉，任门下侍郎，加护军。

**给哥哥回信**
担任宰相期间写了29首诗，其中25首是给苏轼回信。

## 黄庭坚

| | |
|---|---|
| 字 | 鲁直 |
| 生卒年 | 1045—1105 年 |
| 身份 | 北宋诗人、词人、书法家，江西诗派开山之祖 |
| 代表作 | 《水调歌头·游览》《寄黄几复》 |
| 名言积累 | 春归何处？寂寞无行路。 |

## 李清照

| | |
|---|---|
| 号 | 易安居士 |
| 生卒年 | 1084—约 1151 年 |
| 身份 | 婉约派代表词人，有"千古第一才女"之称 |
| 代表作 | 《漱玉词》《如梦令·昨夜雨疏风骤》《夏日绝句》《一剪梅》 |
| 名言积累 | 生当作人杰，死亦为鬼雄。 |

## 陆游

| | |
|---|---|
| 字 | 务观 |
| 生卒年 | 1125—1210 年 |
| 身份 | 南宋爱国诗人、文学家、史学家 |
| 代表作 | 《示儿》《临安春雨初霁》《卜算子·咏梅》 |
| 名言积累 | 王师北定中原日，家祭无忘告乃翁。 |

## 杨万里

| | |
|---|---|
| 字 | 廷秀 |
| 生卒年 | 1127—1206 年 |
| 身份 | 南宋诗人 |
| 代表作 | 《插秧歌》《竹枝词》《小池》《初入淮河四绝句》 |
| 名言积累 | 泉眼无声惜细流，树阴照水爱晴柔。小荷才露尖尖角，早有蜻蜓立上头。 |

第一章　中国古代文学

## 朱熹

| | |
|---|---|
| 字 | 元晦 |
| 生卒年 | 1130—1200 年 |
| 身份 | 南宋理学家、哲学家、思想家、政治家、教育家、诗人 |
| 代表作 | 《楚辞集注》《晦庵词》《春日》 |
| 名言积累 | 等闲识得东风面，万紫千红总是春。 |

## 辛弃疾

| | |
|---|---|
| 字 | 原字坦夫，后改字幼安 |
| 生卒年 | 1140—1207 年 |
| 身份 | 南宋将领、文学家、豪放派词人 |
| 代表作 | 《清平乐·村居》《破阵子·为陈同甫赋壮词以寄之》 |
| 名言积累 | 醉里挑灯看剑，梦回吹角连营。 |

## 叶绍翁

| | |
|---|---|
| 字 | 嗣宗 |
| 生卒年 | 1194—1269 年 |
| 身份 | 南宋诗人 |
| 代表作 | 《游园不值》《夜书所见》 |
| 积累 | 春色满园关不住，一枝红杏出墙来。 |

## 文天祥

| | |
|---|---|
| 字 | 宋瑞，又字履善 |
| 生卒年 | 1236—1283 年 |
| 身份 | 南宋大臣、文学家 |
| 代表作 | 《过零丁洋》《南安军》 |
| 名言积累 | 惶恐滩头说惶恐，零丁洋里叹零丁。人生自古谁无死？留取丹心照汗青。 |

## 6. 元明清

**关汉卿**

| | |
|---|---|
| 号 | 已斋叟 |
| 生卒年 | 不详 |
| 身份 | 元杂剧奠基人，"元曲四大家"之首 |
| 代表作 | 《窦娥冤》《救风尘》《望江亭》《鲁斋郎》《单刀会》 |
| 名言积累 | 我是个蒸不烂、煮不熟、捶不扁、炒不爆、响当当一粒铜豌豆。 |

**马致远**

| | |
|---|---|
| 号 | 东篱 |
| 生卒年 | 约1251—1321年以后 |
| 身份 | 元代戏曲作家、散曲家、散文家，"元曲四大家"之一 |
| 代表作 | 《天净沙·秋思》《汉宫秋》 |
| 名言积累 | 枯藤老树昏鸦，小桥流水人家，古道西风瘦马。夕阳西下，断肠人在天涯。 |

**施耐庵**

| | |
|---|---|
| 生卒年 | 不详 |
| 身份 | 元末明初小说家 |
| 代表作 | 《水浒传》 |
| 名言积累 | 有缘千里来相会，无缘对面不相逢。 |

**罗贯中**

| | |
|---|---|
| 本名 | 罗本 |
| 生卒年 | 约1330—约1400年 |
| 身份 | 元末明初小说家 |
| 代表作 | 《三国演义》《隋唐两朝志传》 |
| 名言积累 | 兵家胜败真常事，卷甲重来未可知。 |

第一章　中国古代文学

### 于谦

| | |
|---|---|
| 字 | 廷益 |
| 生卒年 | 1398—1457 年 |
| 身份 | 明代名臣、军事家、政治家 |
| 代表作 | 《石灰吟》《节庵诗文稿》 |
| 名言积累 | 千锤万凿出深山，烈火焚烧若等闲。粉骨碎身浑不怕，要留清白在人间。 |

### 吴承恩

| | |
|---|---|
| 字 | 汝忠 |
| 生卒年 | 约 1500—约 1582 年 |
| 身份 | 明代文学家 |
| 代表作 | 《西游记》 |
| 名言积累 | 花果山福地，水帘洞洞天。 |

### 蒲松龄

| | |
|---|---|
| 字 | 留仙 |
| 生卒年 | 1640—1715 年 |
| 身份 | 清代文学家 |
| 代表作 | 《聊斋志异》 |
| 名言积累 | 一人飞升，仙及鸡犬。 |

### 纳兰性德

| | |
|---|---|
| 字 | 容若 |
| 生卒年 | 1655—1685 年 |
| 身份 | 清代词人 |
| 代表作 | 《长相思》 |
| 名言积累 | 山一程，水一程，身向榆关那畔行，夜深千帐灯。风一更，雪一更，聒碎乡心梦不成。故园无此声。 |

## 郑板桥

| | |
|---|---|
| 本名 | 郑燮 |
| 字 | 克柔 |
| 生卒年 | 1693—1765 年 |
| 身份 | 清代书画家、文学家 |
| 代表作 | 《竹石》《墨竹图题诗》 |
| 名言积累 | 咬定青山不放松，立根原在破岩中。千磨万击还坚劲，任尔东西南北风。 |

## 曹雪芹

| | |
|---|---|
| 字 | 梦阮 |
| 生卒年 | 约 1715 或 1721—约 1764 年 |
| 身份 | 清代小说家 |
| 代表作 | 《红楼梦》 |
| 名言积累 | 世事洞明皆学问，人情练达即文章。 |

## 袁 枚

| | |
|---|---|
| 字 | 子才 |
| 生卒年 | 1716—1798 年 |
| 身份 | 清代文学家 |
| 代表作 | 《所见》《苔》 |
| 名言积累 | 牧童骑黄牛，歌声振林樾。 |

## 龚自珍

| | |
|---|---|
| 字 | 璱人 |
| 生卒年 | 1792—1841 年 |
| 身份 | 清代思想家、文学家 |
| 代表作 | 《己亥杂诗》《咏史》 |
| 名言积累 | 浩荡离愁白日斜，吟鞭东指即天涯。落红不是无情物，化作春泥更护花。 |

## 文化典籍

### 1. 四书

#### 《论语》

春秋时期思想家、教育家孔子的弟子及其再传弟子记录孔子及其弟子言行而编成的语录文集,成书于战国前期。全书以语录体为主,叙事体为辅,集中体现了孔子及儒家学派的政治主张、伦理思想、道德观念、教育原则等。

#### 《孟子》

儒家经典著作之一,由孟子及其弟子共同编撰而成,书中记载了孟子等人的政治、教育、哲学、伦理等思想观点和政治活动。

#### 《大学》

"四书"之首,是一篇论述儒家道德修养理论和教育理论的散文,原是《礼记》中的第四十二篇。宋、元以后,成为国家官定的教科书和科举考试的必读书,对中国古代教育产生了极大的影响。

#### 《中庸》

中国古代论述为人处世之道、德行标准及学习方法的一部道德哲学专著,是儒家经典著作之一。原是《礼记》中的第三十一篇,相传为战国时期子思所作。其内容肯定"中庸"是道德行为的最高标准,认为"至诚"则达到人生的最高境界。并提出"博学之,审问之,慎思之,明辨之,笃行之"的学习过程和认识方法。

## 2. 五经

### 《周易》

简称《易》。《周易》通过八卦的形式创造了独特的思想体系，被奉为儒家重要经典之一，"六经"之首。其所提出的阴阳刚柔、道器之分、天道与人道的联系等学说，对后世中国哲学产生了深远影响。

### 《尚书》

亦称《书》《书经》，是中国上古时期历史文件和部分追述古代事迹著作的汇编。其内容涉及政治、宗教、思想、哲学、艺术、法令、天文、地理、军事等诸多领域。汉代以后《尚书》被列为儒家核心经典之一，成为历代儒家研习的基本书籍。

### 《诗经》

中国第一部诗歌总集，收录了西周至春秋中期约 500 年间的诗歌，共 305 篇，因此又被称为"诗三百"。《诗经》在内容上分为"风""雅""颂"三大类。"风"又称"国风"，收录的是周代各地的歌谣，是《诗经》中的精华部分；"雅"主要是用于宴会典礼的正统宫廷乐歌；"颂"主要是宫廷宗庙祭祀用的乐歌。"雅""颂"中的诗歌对于考察中国早期历史、宗教与社会有很大价值。

### 《礼记》

又名《小戴礼记》《小戴记》，是秦汉以前各种礼仪论著的选集，体现了先秦儒家的哲学、教育、政治及美学思想，是研究中国古代社会情况、儒家学说和文物制度的重要资料。《礼记》章法严谨，位居"三礼"之首。

### 《春秋》

中国现存的第一部编年体史书，相传孔子依据鲁国史官所编鲁史加以整理修订而成。后来出现了很多对《春秋》所记载的历史进行补充、解释和说明的作品，被称为"传"，代表作品是被称为"春秋三传"的《左传》《公羊传》《穀梁传》。《春秋》文字简短，相传每个句子都暗含褒贬之意，被后人称为"春秋笔法""微言大义"。

## 3. 中国传统启蒙教材

### 《三字经》

通行本1200多字，分为教学之要、幼学之序、读书次第、勤学典范、为学效果五部分。其文三字一句，朗朗上口，与《百家姓》《千字文》并称为"中国传统蒙学三大读物"，合称"三百千"。《三字经》的核心思想包括"仁、义、诚、敬、孝"，内容包含了生活常识、传统国学、历史故事、天文地理、人伦义理等，可谓"熟读《三字经》，可知千古事"。

### 《百家姓》

是一部关于汉字姓氏的作品。书中原收集姓氏411个，后增补到504个，其中单姓444个，复姓60个，为"尊国姓"而以"赵"居首。《百家姓》采用四言体例，对姓氏进行了排列，且句句押韵，对中国姓氏文化的传承、中国文字的认识等方面都产生了巨大影响。

### 《千字文》

南北朝时期梁朝散骑侍郎周兴嗣编纂，由一千个汉字组成的韵文（押韵、对仗的文字）。《千字文》是中国古代的蒙学课本，是以识字为主的综合性教材，

涵盖了天文、地理、自然、社会、历史等多方面的知识。全文对仗工整、条理清晰，它的长处后来被《三字经》所吸取。

## 4. 上古奇书

### 《山海经》

成书于战国时期至汉代初期，包含着关于上古地理、历史、神话、天文、动物、植物、医学等方面的诸多内容，是一部上古社会生活的百科全书。《山海经》记录了大荒时期人们的生活状况与思想活动，勾勒出上古时期的文明及文化状态，为后世提供了许多有用的信息。

## 5. 古代农学、医学著作

### 《齐民要术》

大约成书于北魏年间，作者是贾思勰。它是中国现存最早的综合性农学著作。全书系统地总结了古代黄河中下游地区劳动人民的农牧业生产经验、食品的加工与贮藏、野生植物的利用，以及治荒等方面的方法，详细介绍了季节、气候、土壤与农作物的关系，被誉为"中国古代农业百科全书"。

### 《农政全书》

作者是明代的徐光启，成书于明朝万历年间。该书全面总结了中国古代农业生产的先进经验、技术革新以及作者关于农学的研究成果。该书蕴含的"农政"思想是《农政全书》不同于其他古代农学著作的特色之所在。

### 《黄帝内经》

现分为《素问》《灵枢》两部分，是中国现存成书最早的一部医学典籍，

也是传统医学四大经典著作之一。成书年代约在先秦至西汉间，其基本素材来源于中国古人对生命现象的长期观察、大量的临床实践以及简单的解剖学知识，是研究人的生理学、病理学、诊断学、治疗原则和药物学的医学巨著。

### 《伤寒杂病论》

成书于东汉时期，是一部以论述外感病与内科杂病为主要内容的医学典籍，由"医圣"张仲景撰写。

### 《本草纲目》

中国药物学名著，由明代医药学家李时珍编撰。全书共52卷，载有药物1892种、药方11096个，还绘制了1100多幅精美的插图，被国外学者誉为"东方药学巨典"。

## 6. 古代军事、地理著作

### 《孙子兵法》

春秋时期的军事著作，是现存最早的兵书，被后世奉为"兵学圣典"和"古代第一兵书"。它在我国古代军事学术和战争实践中，都发挥着极其重要的指导作用。

### 《三十六计》

包含中国古代三十六个兵法策略，成书于明清时期。它是根据中国古代军事思想和丰富的斗争经验总结而成的兵书。该书的影响范围已超出了军事领域，被广泛地运用在经济、生活、外交等各个领域，对后世有着深远影响。

## 《水经注》

因注《水经》而得名。《水经注》看似为《水经》之注，实则以《水经》为纲，详细记载了一千两百多条大小河流及有关的历史事件、人物掌故、神话传说等，是中国古代最全面、最系统的综合性地理著作。

## 《徐霞客游记》

是明代地理学家徐霞客创作的一部散文游记。该书对地理、水文、地质、植物等现象均做了详细记录，是系统考察中国地貌地质的开山之作。此外，优美的文字也使之成为文学佳作。因而，这部著作在地理学和文学上都有着重要的价值。

## 7. 史书类著作

### 《左传》

亦称《春秋左氏传》或《左氏春秋》，旧传此书由春秋时期左丘明所作，近人认为是战国初年人们依据各国史料所编。此书中保留了大量的古代史料，是一部中国古代史学和文学名著。它是儒家重要经典之一，是历代儒客和学子重点研习的史书，与《公羊传》《穀梁传》合称"春秋三传"。

### 《战国策》

战国时游说之士的策谋和言论的汇编。初有《国策》《国事》《事语》《短长》《长书》《修书》等名称和本子，西汉末刘向将其编订为三十三篇。《战国策》善于述事明理，富于文采，对中国两汉以来史传文、政论文的发展产生了深远影响。

### 《史记》

"二十四史"之首，中国历史上第一部纪传体通史，最初称为《太史公书》，由西汉史学家司马迁撰写。作品记述了上至上古传说中的黄帝时代，下至

汉武帝太初四年间，共三千年左右的历史。鲁迅评价它是"史家之绝唱，无韵之《离骚》"。其中比较有名的典故有：焚书坑儒、指鹿为马、鸿门宴、破釜沉舟、霸王别姬、四面楚歌、负荆请罪、毛遂自荐、卧薪尝胆等。

### 《后汉书》

由南朝宋范晔撰写，全书主要记述了东汉建武元年至建安二十五年，共195年的历史，与《史记》《汉书》《三国志》合称"前四史"。其结构严谨、编排有序，大部分内容沿袭了《史记》《汉书》的体例。

### 《三国志》

"二十四史"之一，由西晋史学家陈寿撰写，共六十五卷，记述魏、蜀、吴三国的历史，是一部纪传体断代史。三国志最早以《魏书》《蜀书》《吴书》三书单独流传。为了避免曹魏的《魏书》与南北朝时期北魏的《魏书》相互混淆，北宋王朝在咸平六年将三书合为一书，名为《三国志》。因此《三国志》是三国分立结束后文化重新整合的产物，它完整地记述了自汉末至晋初近百年间中国由分裂走向统一的历史。

### 《资治通鉴》

由北宋司马光主持编撰的一部编年体通史，与司马迁的《史记》并列为中国史学的不朽巨著，司马光与司马迁二人也正是所谓的"史学两司马"。《资治通鉴》中引用的史料极为丰富，除十七史之外，还有各种杂史、私人撰述等。据《四库提要》记载，《资治通鉴》引用前人著作322种，可见其取材广泛，具有极高的史料价值。

## 8. 四大名著

### 《水浒传》

《水浒传》是中国历史上第一部用白话文写成的章回体长篇小说，全书围绕"官逼民反"这一线索展开情节，表现了一群不堪暴政欺压的"好汉"在

小学语文 文学常识

宋江的领导下揭竿而起,聚义水泊梁山,直至接受招安致使起义失败的全过程。

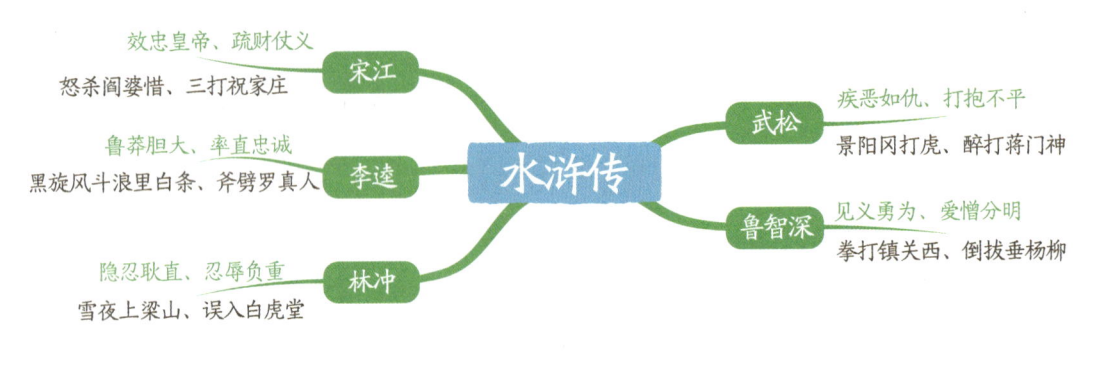

**水浒传**

- 宋江：效忠皇帝、疏财仗义；怒杀阎婆惜、三打祝家庄
- 李逵：鲁莽胆大、率直忠诚；黑旋风斗浪里白条、斧劈罗真人
- 林冲：隐忍耿直、忍辱负重；雪夜上梁山、误入白虎堂
- 武松：疾恶如仇、打抱不平；景阳冈打虎、醉打蒋门神
- 鲁智深：见义勇为、爱憎分明；拳打镇关西、倒拔垂杨柳

## 《三国演义》

《三国演义》是中国古代第一部长篇章回体小说，是历史演义小说的开山之作。小说描写了自东汉末年到西晋初年一百多年间，以曹操、刘备、孙权为首的魏、蜀、吴三个政治、军事集团之间的矛盾和斗争。文章语言浅近，结构宏大，人物众多，情节曲折。

**三国演义**

- 关羽：英勇善战、智谋不足；千里走单骑、单刀赴会
- 刘备：仁慈善良、爱民如子；桃园结义、三顾茅庐
- 张飞：疾恶如仇、勇猛善战；大闹长坂桥、醉酒失徐州
- 诸葛亮：神机妙算、足智多谋；空城计、舌战群儒
- 赵云：文武双全、忠君为民；单骑救主、智取桂阳
- 曹操：性格复杂、阴险奸诈；望梅止渴、煮酒论英雄
- 周瑜：足智多谋、器量狭小；苦肉计、周郎献曲

## 《西游记》

《西游记》是我国古代著名的长篇神话小说，中国神魔小说的经典之作。主要写孙悟空、猪八戒、沙僧保护唐僧去西天取经，一路上降妖除魔、扫除障碍的故事。它通过幻想的形式，曲折地反映和歌颂了劳动人民蔑视神权，反抗压迫，坚决与一切邪恶势力做斗争的精神，揭露和抨击了当时社会的黑暗与丑恶。

## 《西游记》思维导图

**唐僧**
- 举止文雅、崇信佛法、严守戒律、目标明确、立场坚定、勇往直前
- 金蝉遭贬、江流托孤、唐王临行封御弟、女儿国女王招赘

**孙悟空**
- 本领超群、桀骜不驯、善恶分明、疾恶如仇、勇敢机智、忠心耿耿
- 猴王出世、大闹天宫、三打白骨精、三借芭蕉扇

**猪八戒**
- 好吃懒做、见识短浅、爱占小便宜、憨厚单纯、知错就改
- 调戏嫦娥、投错猪胎、高老庄收猪八戒

**沙僧**
- 忠厚诚恳、任劳任怨、忠心耿耿
- 打破琉璃盏、流沙河收沙僧

## 《红楼梦》

《红楼梦》又名《石头记》，是我国古典小说中伟大的现实主义作品。它以贾、王、史、薛四大家族的兴衰史为背景，以贾宝玉和林黛玉的爱情故事为主线，描写了贾家荣、宁二府由盛而衰的过程。全书规模宏大、结构严谨，折射出当时的社会环境，内容涉及封建社会的政治、法律、宗法、道德、婚姻等方面的问题。

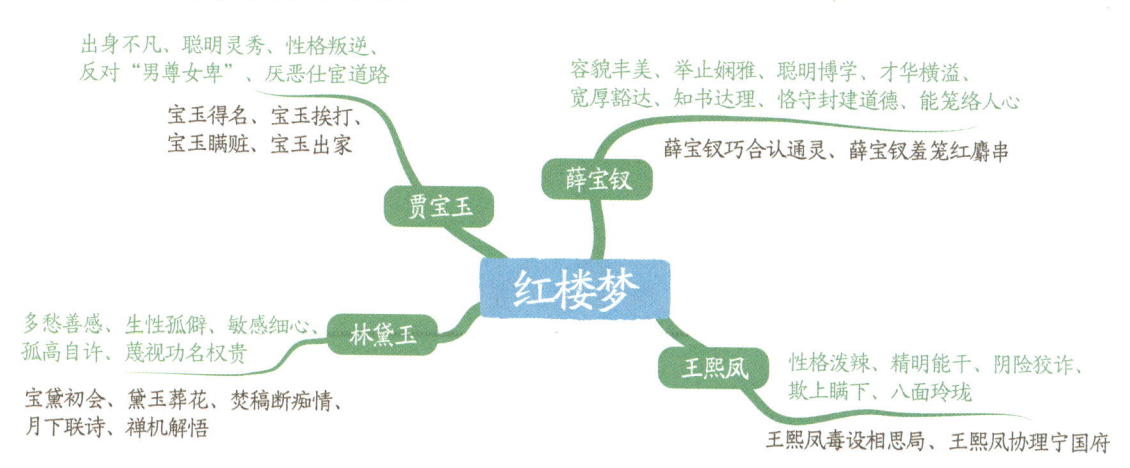

**贾宝玉**
- 出身不凡、聪明灵秀、性格叛逆、反对"男尊女卑"、厌恶仕宦道路
- 宝玉得名、宝玉挨打、宝玉瞒赃、宝玉出家

**薛宝钗**
- 容貌丰美、举止娴雅、聪明博学、才华横溢、宽厚豁达、知书达理、恪守封建道德、能笼络人心
- 薛宝钗巧合认通灵、薛宝钗羞笼红麝串

**林黛玉**
- 多愁善感、生性孤僻、敏感细心、孤高自许、蔑视功名权贵
- 宝黛初会、黛玉葬花、焚稿断痴情、月下联诗、禅机解悟

**王熙凤**
- 性格泼辣、精明能干、阴险狡诈、欺上瞒下、八面玲珑
- 王熙凤毒设相思局、王熙凤协理宁国府

## ·文学体裁

### 1. 诗歌

在中国古代，不合乐的被称为诗，合乐的则叫作歌，现今普遍统称为诗歌。它属于最早诞生的一种文学体裁。其遵循特定的音节、声调与韵律

要求，借助凝练的语言、饱满的情感以及丰富的想象，高度集中地呈现社会生活以及人的精神领域。

## 2. 词

诗歌的一种，词体初步形成于唐代，主要流行于民间。宋代达到鼎盛，成为文学的主要形式之一。句式长短不一，具有音乐性和节奏感。

## 3. 元曲

和诗词并称的一种文体，盛行于元代，其包括杂剧和散曲。杂剧是戏曲，散曲是诗歌，是不同的文学体裁。宋代的杂剧到元代的戏曲，到明清的杂剧。散曲盛行于元、明、清三代。

## 4. 赋

汉代形成的一种特定的体制，讲究辞藻、韵节，结构宏大，篇幅较长，句式以四言、六言为主，注重运用铺陈、排比、夸张、象征等手法。盛行于汉、魏晋、六朝时期。

## 5. 古体诗

古体诗在中国文学史上占有重要地位，它不仅体现了古代诗歌的发展演变，也反映了不同时期的社会生活和文化风貌。它不受近体诗格律的限制，比较灵活。诗句长短不拘，有四言、五言、七言、杂言等。

## 6. 近体诗

近体诗又称格律诗，是在唐代形成的一种格律严谨的诗歌体裁。其在字句、押韵、平仄等方面有明确规则，具有独特的韵律美和形式美。

## 7. 章回小说

章回小说是中国古典长篇小说的主要形式，是分章回叙事的白话小说，是中国古典小说的主要形式，其特点为分回标目、段落整齐、首尾完整。

## 真题再现

1.（河南周口·三年级）爱是人类最美好的情感。从《论语》中的"_____，_____"，我感受到爱是克制；从《孟子》中的"仁者爱人，_____"，我感受到爱是尊重；从《墨子》中的"_____"，我明白了我们要像爱自己一样爱别人。

2.（陕西宝鸡·四年级）天下兴亡，_____。自古以来，中华儿女就是有气节的。楚霸王_____（人名）兵败，不愿苟且偷生，自刎于乌江。李清照赞他_____，_____。

3.（江苏无锡·五年级）下列对四大名著阅读理解正确的一项是（　　）

　　A.煮酒论英雄、火烧赤壁、智取生辰纲……这些故事我们都能在《三国演义》中读到。

　　B.《红楼春趣》选自明代小说家曹雪芹的《红楼梦》。

　　C.《西游记》是章回体长篇神魔小说，讲述唐僧师徒四人西天取经，历经了九九八十一难，终于取得真经的故事。

　　D.《水浒传》刻画了众多栩栩如生的人物形象，武松、林冲、李逵、二郎神等我都喜欢。

4.（山东潍坊·六年级）同学们读到这句诗——"出师一表真名世，千载谁堪伯仲间"，争论起这首诗的作者（　　）。

　　A. 白居易　　B. 陆游　　C. 曹操　　D. 诸葛亮

5.（广东揭阳·六年级）下列古诗不是唐代作品的一项是（　　）。

　　A.《宿建德江》　　B.《六月二十七日望湖楼醉书》
　　C.《过故人庄》　　D.《回乡偶书》

# 第二章　中国现当代文学

**考试指南**

1. 通过阅读名家的文学作品，深入了解其思想情感和价值观。
2. 从故事、人物、场景、语言等方面入手，把握作品的思想内容和艺术特点。

学习难度 ★★★　　考点频率 ★★★

## 文学体裁基本分类

### 1. 小说

（1）小说三要素

人物、情节、环境是小说的三要素。

⚠ 人物：人物形象的核心是人物的思想性格。

人物的常见描写方法，包括外貌描写、语言描写、动作描写、神态描写、心理描写，这些都是正面描写；还有以他人言行来反映人物等的侧面描写。

⚠ 情节：作品所描写的事件发展、演变的全过程。

一般包括开端—发展—高潮—结局四部分。

⚠ 环境：环境描写分为社会环境描写和自然环境描写。

社会环境作用：交代故事发生的时代背景，渲染气氛，推动故事情节发展，深化文章的中心思想。

自然环境作用：渲染环境气氛，烘托人物情感，暗示人物命运，推动故事情节发展。

（2）小说分类

按照篇幅长短，小说可以分为短篇小说、中篇小说和长篇小说三类。

## 2. 戏剧

文学上的戏剧，是指为戏剧表演所创作的脚本，即剧本。剧本主要是由台词和舞台指示组成的。舞台提示是写在剧本每一幕的开端、结尾和对话的说明性文字，台词则包括对白、旁白、独白。

## 3. 散文

散文，是一种抒发作者真实情感、写作方式灵活的文学体裁。常见的散文有叙事散文、抒情散文和议论散文。

▲ 叙事散文：以叙事为主，叙事情节不求完整，但要集中，叙事中的情感渗透在字里行间。包含时间、地点、人物、事件等要素，从一个角度选取题材，表现作者的思想感情。

▲ 抒情散文：以描绘景物、抒发作者对现实生活的感受为主。注重表现作者的思想感受，抒发作者的思想感情。这类散文有对具体事物的记叙和描绘，但通常没有贯穿全篇的情节，其突出的特点是强烈的抒情性。

▲ 议论散文：侧重的是形象的描绘和情感的抒发。具有抒情性、形象性和哲理性的特点。

# •名家名著

## 1. 鲁迅

| | |
|---|---|
| 原名 | 周树人 |
| 身份 | 文学家、思想家、革命家、教育家、民主战士 |
| 主要成就 | 中国现代文学的奠基人之一 |
| 代表作品 | 小说集《呐喊》《彷徨》《故事新编》，散文集《朝花夕拾》 |
| 经典语录 | 横眉冷对千夫指，俯首甘为孺子牛。 |

## 主要作品介绍

### 《朝花夕拾》

《朝花夕拾》原名《旧事重提》，文集收录了鲁迅在1926年创作的10篇回忆性散文，较为完整地记录了他从幼年到青年时期的生活经历和思想。作品揭露了半封建半殖民地社会种种丑恶的不合理现象，同时反映了有抱负的青年知识分子在旧中国茫茫黑夜中，不畏艰险，寻找光明的困难历程，以及抒发了作者对往日亲友、师长的怀念之情。

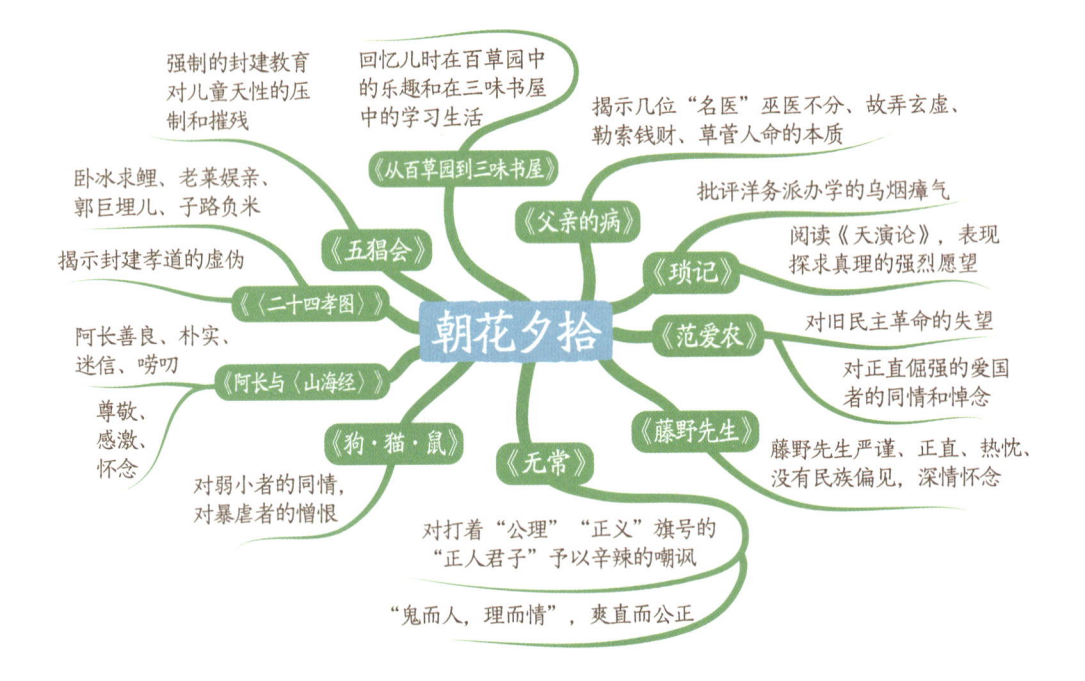

**朝花夕拾**

- 《从百草园到三味书屋》——回忆儿时在百草园中的乐趣和在三味书屋中的学习生活
- 《五猖会》——强制的封建教育对儿童天性的压制和摧残
- 《父亲的病》——揭示几位"名医"巫医不分、故弄玄虚、勒索钱财、草菅人命的本质
- 《二十四孝图》——卧冰求鲤、老莱娱亲、郭巨埋儿、子路负米；揭示封建孝道的虚伪
- 《琐记》——批评洋务派办学的乌烟瘴气；阅读《天演论》，表现探求真理的强烈愿望
- 《阿长与〈山海经〉》——阿长善良、朴实、迷信、唠叨；尊敬、感激、怀念
- 《范爱农》——对旧民主革命的失望；对正直倔强的爱国者的同情和悼念
- 《狗·猫·鼠》——对弱小者的同情，对暴虐者的憎恨
- 《无常》——对打着"公理""正义"旗号的"正人君子"予以辛辣的嘲讽；"鬼而人，理而情"，爽直而公正
- 《藤野先生》——藤野先生严谨、正直、热忱、没有民族偏见，深情怀念

## 2. 郭沫若

| | |
|---|---|
| 原名 | 郭开贞 |
| 身份 | 作家、诗人、历史学家、古文字学家、政治家 |
| 主要成就 | 倡导了革命文学，积极支持革命文化运动 |
| 代表作品 | 诗集《女神》《星空》，历史剧《屈原》《虎符》 |
| 经典语录 | 时间就是生命，时间就是速度，时间就是力量。 |

### 3. 叶圣陶

| | |
|---|---|
| 原名 | 叶绍钧 |
| 身份 | 作家、编辑家、教育家 |
| 主要成就 | 中国现代文学史上最早写童话的作家 |
| 代表作品 | 长篇小说《倪焕之》、童话集《稻草人》 |
| 经典语录 | 一辈子坚持自学的人就是一辈子自强不息的人。 |

### 4. 茅盾

| | |
|---|---|
| 原名 | 沈德鸿 |
| 身份 | 作家、社会活动家 |
| 主要成就 | 新文化运动先驱者之一、中国革命文艺奠基人之一 |
| 代表作品 | 小说《蚀》三部曲（《幻灭》《动摇》《追求》） |
| 经典语录 | 我们这一辈人本来谁也不曾走过平坦的路，不过，摸索而碰壁，跌倒了又爬起，迂回而前进，这却各人有各人不同的经验。 |

### 5. 徐志摩

| | |
|---|---|
| 原名 | 徐章垿 |
| 身份 | 诗人、散文家 |
| 主要成就 | 新月派代表诗人，参与成立新月社 |
| 代表作品 | 《再别康桥》《翡冷翠的一夜》 |
| 经典语录 | 悄悄的我走了，正如我悄悄的来；我挥一挥衣袖，不带走一片云彩。 |

## 6. 朱自清

| | |
|---|---|
| 原名 | 朱自华 |
| 身份 | 散文家、诗人、学者、民主战士 |
| 主要成就 | 被誉为"白话美术文的模范" |
| 代表作品 | 诗文集《踪迹》，散文集《背影》《欧游杂记》 |
| 经典语录 | 气是敢作敢为，节是有所不为。 |

**主要作品介绍**

《背影》

记叙作者去北京上学时，父亲送他去车站，并给他买橘子的场景。通过对父亲平凡而伟大的爱的回忆，表达了作者对父亲的无尽思念。使用白描以及侧面烘托等手法将父亲对儿子的爱表达得深刻细腻。

## 7. 闻一多

| | |
|---|---|
| 原名 | 闻家骅 |
| 身份 | 诗人、学者、民主战士 |
| 主要成就 | 参与发起"中华戏剧改进社" |
| 代表作品 | 《死水》《七子之歌》 |
| 经典语录 | 这是一沟绝望的死水，这里断不是美的所在，不如让给丑恶来开垦，看他造出个什么世界。 |

## 8. 老舍

| | |
|---|---|
| 原名 | 舒庆春 |
| 身份 | 作家、人民艺术家 |
| 主要成就 | 新中国第一位获得"人民艺术家"称号的作家 |
| 代表作品 | 小说《骆驼祥子》《四世同堂》，话剧《茶馆》《龙须沟》等 |
| 经典语录 | 文字不怕朴实，朴实也会生动，也会有色彩。 |

## 主要作品介绍

### 《骆驼祥子》

以20世纪20年代的北平城为背景，描写了一个外号"骆驼"、名叫祥子的人力车夫三起三落的人生经历，反映了生活在城市最底层的广大劳动人民的痛苦，揭露了旧社会的罪恶。

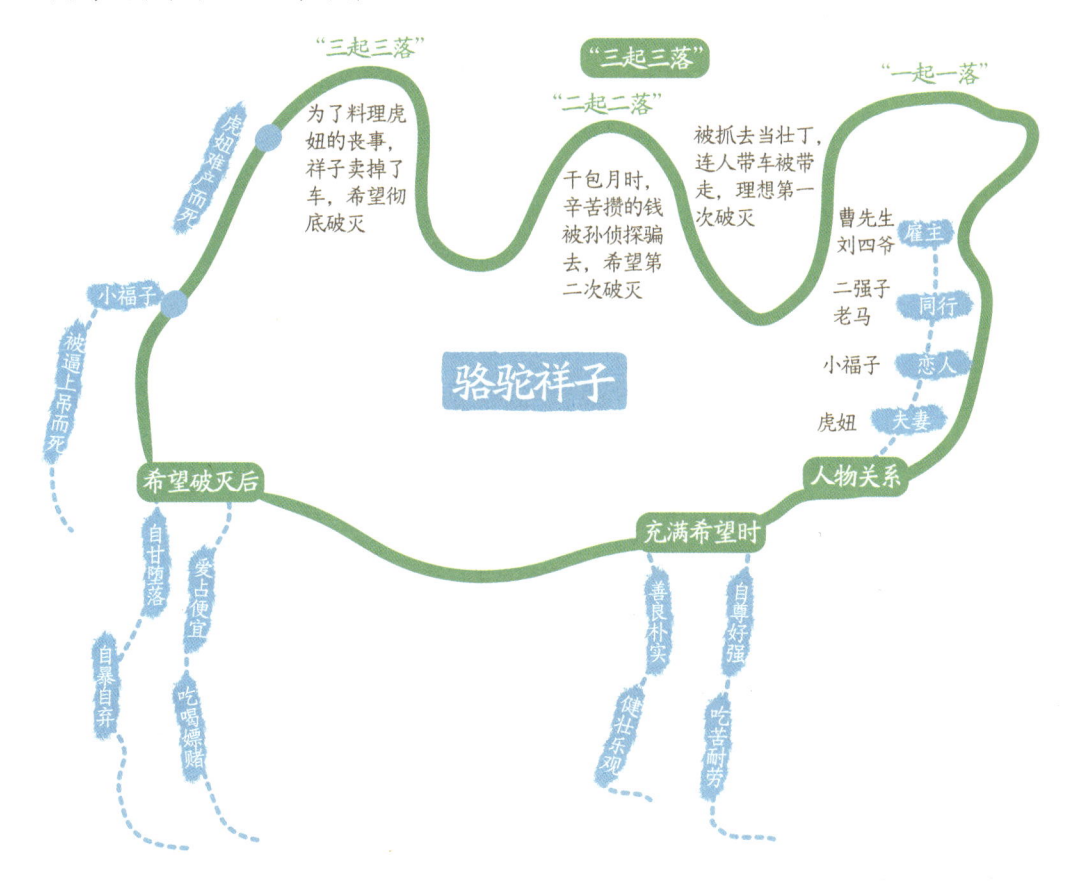

"三起三落"：为了料理虎妞的丧事，祥子卖掉了车，希望彻底破灭

"二起二落"：干包月时，辛苦攒的钱被孙侦探骗去，希望第二次破灭

"一起一落"：被抓去当壮丁，连人带车被带走，理想第一次破灭

虎妞难产而死

小福子——被逼上吊而死

希望破灭后：自甘堕落、爱占便宜、自暴自弃、吃喝嫖赌

充满希望时：善良朴实、健壮乐观、自尊好强、吃苦耐劳

人物关系：
- 曹先生、刘四爷——雇主
- 二强子、老马——同行
- 小福子——恋人
- 虎妞——夫妻

## 9. 冰心

| | |
|---|---|
| 原名 | 谢婉莹 |
| 身份 | 诗人、翻译家、作家 |
| 主要成就 | 所著的《寄小读者》是中国儿童文学的奠基之作 |
| 代表作品 | 诗集《繁星》《春水》，散文集《寄小读者》 |
| 经典语录 | 墙角的花！你孤芳自赏时，天地便小了。 |

## 10. 沈从文

| | |
|---|---|
| 原名 | 沈岳焕 |
| 身份 | 作家、历史文物研究专家 |
| 主要成就 | 20世纪中国最优秀的文学家之一 |
| 代表作品 | 《边城》《长河》 |
| 经典语录 | 人的生命会忽然泯灭，而纯挚无私的友情却长远坚固永在，且无疑能持久延续，能发展扩大。 |

### 主要作品介绍

#### 《边城》

《边城》是沈从文创作的中篇小说，该小说以20世纪30年代川湘黔三省交界的边城小镇茶峒为背景，描写了船家少女翠翠的美好感情故事，展现了湘西地区特有的风土人情以及人性的美好善良。小说充满了细腻的心理描写和诗画般的环境描写。在心理描写中，主角翠翠纯真无邪的心理世界被描绘得生动自然，令人印象深刻。另外，湘西清新秀丽的环境如诗如画，与翠翠的情感世界完美融合，进一步突出了小说的艺术魅力。小说中的风习描述充满诗情画意，寄托了沈从文"美"与"爱"的美学理想。

## 11. 巴金

| | |
|---|---|
| 原名 | 李尧棠 |
| 身份 | 作家 |
| 主要成就 | 新文化运动以来最有影响力的作家之一 |
| 代表作品 | "激流三部曲"（《家》《春》《秋》） |
| 经典语录 | 奋斗就是生活，人生只有前进。 |

## 12. 艾青

| | |
|---|---|
| 原名 | 蒋正涵 |
| 身份 | 诗人 |
| 主要成就 | 七月派代表诗人 |
| 代表作品 | 《大堰河——我的保姆》《我爱这土地》《向太阳》《光的赞歌》《绿》 |
| 经典语录 | 人间没有永恒的夜晚，世界没有永恒的冬天。 |

## 13. 曹禺

| | |
|---|---|
| 原名 | 万家宝 |
| 身份 | 剧作家 |
| 主要成就 | 中国现代戏剧泰斗，被誉为"东方的莎士比亚" |
| 代表作品 | "生命三部曲"（《雷雨》《日出》《原野》） |
| 经典语录 | 一时强弱在于力，千秋胜负在于理。 |

## 14. 萧红

| | |
|---|---|
| 原名 | 张迺莹 |
| 身份 | 作家 |
| 主要成就 | 被誉为"20世纪30年代的文学洛神" |
| 代表作品 | 小说《呼兰河传》《生死场》 |
| 经典语录 | 火烧云上来了。霞光照得小孩子的脸红红的。大白狗变成红的了。红公鸡变成金的了。黑母鸡变成紫檀色的了。喂猪的老头儿在墙根靠着，笑盈盈地看着他的两头小白猪变成小金猪了。 |

## 真题再现

1.（山东枣庄·三年级）《稻草人》的作者是（　　）。

　　A. 曹文轩　　　B. 叶圣陶　　　C. 金波　　　D. 格林兄弟

2.（河南周口·四年级）诗是_____的自然流露，它源于_____的情感。我们爱读诗，《繁星》的作者是著名女作家_____，原名_____。《绿》的作者是著名诗人_____。

3.（贵州贵阳·六年级）在读书成果交流会上，三、四小组遇到以下困难，请你帮帮他们。

（1）第三小组收集鲁迅先生的故事，段落中画横线的句子他们不太理解，你认为可以用来帮助他们理解的名言是（　　）

　　青年人写信，写得太草率，鲁迅先生是深恶痛绝的。

　　"字不一定要写得好，但必须得使人一看就认识，年轻人现在都太忙了……他自己赶快胡乱写完了事，别人看了三遍五遍看不明白，这费了多少工夫，他不管。反正这费的工夫不是他的。这存心是不太好的。"

　　A. 节省时间，也就是使一个人的有限的生命更加有效，而也等于延长了人的生命。

　　B. 时间就像海绵里的水，只要愿意挤，总还是有的。

　　C. 时间就是性命，无端的空耗别人的时间，其实是无异于谋财害命的。

　　D. 放弃时间的人，时间也放弃他。

（2）第四小组想收集能了解鲁迅青年时期生活的作品，下面适合推荐的书是（　　）。

　　A.《野草》　　　B.《朝花夕拾》　　　C.《呐喊》　　　D.《彷徨》

# 第三章 外国文学

**考试指南**

1. 熟记外国名家的国籍、成就、代表作、经典语录及艺术特色。
2. 熟读并深入理解作品内容。
3. 能够概括作品中的人物特征、主要情节和段落大意。

学习难度 ★★★★　　考点频率 ★★★

## 英 国

**莎士比亚**

| | |
|---|---|
| 身份 | 剧作家、诗人 |
| 主要成就 | 英国戏剧之父，被誉为"人类文学奥林匹斯山上的宙斯" |
| 代表作品 | 四大悲剧《奥赛罗》《麦克白》《李尔王》《哈姆莱特》，四大喜剧《威尼斯商人》《仲夏夜之梦》《皆大欢喜》《第十二夜》 |
| 经典语录 | 生存还是毁灭，这是一个问题。 |
| 艺术特色 | 莎士比亚的核心思想在于人文主义或人道主义精神，是基于对性格各异的人物形象的描写来揭示人性中善与恶的矛盾冲突，进而在这些矛盾冲突中碰撞出人性的闪光点。 |

### 主要作品介绍

**《哈姆莱特》**

讲述了叔叔克劳狄斯谋害哈姆莱特的父王，篡取了王位，并娶了国王的遗孀，哈姆莱特为父王复仇的故事。剧中讨论了生存与死亡、思想与行动、理性与疯狂几个问题。

### 《奥赛罗》

讲述了奥赛罗是威尼斯公国的一员勇将，他与元老的女儿苔丝狄蒙娜相爱，却因为误会妻子对自己不忠，在愤怒中掐死了自己的妻子。当他得知真相后，悔恨之余拔剑自刎的故事。

### 《李尔王》

讲述了年事已高的国王李尔王退位后，被大女儿和二女儿赶到荒郊野外，而成为法兰西皇后的三女儿率军救父，却被杀死，最终李尔王伤心地死在她身旁的故事。

### 《麦克白》

讲述了利欲熏心的国王和王后对权力的贪婪，最后被推翻统治的过程。作品通过对曾经屡建奇勋的英雄麦克白变成一个残忍暴君的过程展开描述，批判了野心对良知的侵蚀作用。

## 笛福

| | |
|---|---|
| 身份 | 小说家、新闻记者 |
| 主要成就 | 被誉为"欧洲小说之父""英国小说之父"和"英国报纸之父"等 |
| 代表作品 | 《鲁滨逊漂流记》《辛格顿船长》《杰克上校》《摩尔·弗兰德斯》《骑士回忆录》《英国商人手册》 |
| 经典语录 | 在不同的环境中，人类的情感怎样变幻无常啊！我们今天所爱的，往往是我们明天所恨的；我们今天所追求的，往往是我们明天所逃避的；我们今天所愿望的，往往是我们明天所害怕的，甚至是胆战心惊的。 |
| 艺术特色 | 通常采用第一人称叙述的方式，向读者讲述"我"在故事中的感受和行动。 |

📕 **主要作品介绍**

## 《鲁滨逊漂流记》

英国文学史上第一部现实主义小说。该作品讲述了主人公鲁滨逊·克鲁索出生于一个中产阶级家庭，一生志在遨游四海。一次在去非洲航海的途中遇到风暴，只身漂流到一个无人的荒岛上，开始了一段与世隔绝的生活。鲁滨逊凭着强韧的意志与不懈的努力，在荒岛上顽强地生存下来，在岛上生活了28年2个月零19天后，最终得以返回故乡的故事。全书描写了鲁滨逊勇于进取的冒险精神，赞扬了他与大自然斗争的精神。

## 法 国

**巴尔扎克**

| 身份 | 小说家 |
|---|---|
| 主要成就 | 欧洲批判现实主义文学的奠基人，被誉为"现代法国小说之父" |
| 代表作品 | 《人间喜剧》（"资本主义社会的百科全书"） |
| 经典语录 | 遵守诺言就像保卫你的荣誉一样。 |
| 艺术特色 | 作品以深度的社会剖析和对人性的细致观察闻名，善于通过典型人物来展示社会的各种面貌。 |

📕 **主要作品介绍**

## 《高老头》

主人公高老头是法国大革命时期起家的面粉商人，中年丧妻，他便把自己所有的爱都倾注在了两个女儿身上，为了让她们挤进上流社会，从小给她们良好的教育，且在她们出嫁时给了她们每人80万法郎的陪嫁。可他的两个女儿生活放荡，挥金如土，他的爱轻而易举地就被金钱至上的原则战胜了。

## 雨果

| | |
|---|---|
| 身份 | 作家、诗人 |
| 主要成就 | 法国19世纪前期积极浪漫主义文学的代表作家,被称为"法兰西的莎士比亚" |
| 代表作品 | 《巴黎圣母院》《悲惨世界》《笑面人》 |
| 经典语录 | 世界上最宽阔的是海洋,比海洋更宽阔的是天空,比天空更宽阔的是人的胸怀。 |
| 艺术特色 | 雨果的作品具有浪漫主义色彩,擅长用诗意的语言表达情感。它从本质上反映现实,反映作者的进步理想。 |

### 主要作品介绍

#### 《悲惨世界》

讲述了因偷面包入狱19年的苦刑犯冉·阿让的个人经历。他凭借意志和信仰,努力与"命运的黑线"抗争,让生活变得更美好。但始终未能见容于统治者,在孤独中死去。

#### 《巴黎圣母院》

巴黎圣母院副主教克洛德道貌岸然、蛇蝎心肠,先爱后恨,迫害吉卜赛女郎埃斯梅拉达。而面目丑陋、心地善良的敲钟人卡西莫多为拯救女郎舍弃了生命。小说情节曲折离奇,富有戏剧性,突出了浪漫主义色彩。

## 莫泊桑

| | |
|---|---|
| 身份 | 小说家 |
| 主要成就 | "世界三大短篇小说巨匠"之一 |
| 代表作品 | 《一生》《漂亮朋友》《项链》《我的叔叔于勒》 |
| 经典语录 | 人生从来不像意想中那么好,也不像意想中那么坏。 |
| 艺术特色 | 莫泊桑作品语言的简练并不等于粗略,善于以白描的笔法进行勾画是他的特长,而以丰富鲜明的色彩进行细致描绘,亦是他才能之所在。 |

## 美国

**比彻·斯托**

| 身份 | 作家、教师 |
| --- | --- |
| 主要成就 | 对美国废奴运动和美国内战中的正义一方获得胜利产生了巨大的影响。 |
| 代表作品 | 《汤姆叔叔的小屋》 |
| 经典语录 | 最长的白日也会有个尽头，最黑暗的夜也会消逝成为黎明。 |
| 艺术特色 | 比彻·斯托夫人笔下的女性人物形象鲜明且性格多样，总体上较为丰满且立体。 |

### 主要作品介绍

**《汤姆叔叔的小屋》**

揭示了长存于美国社会的诸多问题，例如人口贩卖、奴役剥削、种族歧视等，表达了对非洲裔农奴的同情，同时也鞭笞了白人奴隶主们的自私和残暴，引发了美国社会对种族、平等和蓄奴问题的思考。对美国的社会发展起到了积极作用，特别是对美国废奴运动和美国内战中以林肯为代表的正义一方获得胜利产生了巨大的影响。

**欧·亨利**

| 身份 | 小说家 |
| --- | --- |
| 主要成就 | 小说被誉为"美国生活的百科全书"；"世界三大短篇小说巨匠"之一 |
| 代表作品 | 《麦琪的礼物》《最后一片叶子》《警察与赞美诗》《二十年后》 |
| 经典语录 | 人生是由啜泣、抽噎和微笑组成的，而抽噎占了其中绝大部分。 |
| 艺术特色 | 短篇小说以严密的结构、生动的对话和出人意料的结局而著名。 |

## 海明威

| | |
|---|---|
| 身份 | 作家、记者 |
| 主要成就 | 美国"迷惘的一代"作家的代表人物 |
| 代表作品 | 《老人与海》《太阳照常升起》《永别了，武器》 |
| 经典语录 | 现在不是去想缺少什么的时候，该想一想凭现有的东西你能做什么。 |
| 艺术特色 | 海明威的小说语言有着不冗不赘、隐晦含蓄、造句简单、用词平实的特点。 |

### 📖 主要作品介绍

#### 《老人与海》

围绕一位古巴老年渔夫，与一条巨大的马林鱼在离岸很远的湾流中搏斗而展开故事的讲述。尽管海明威笔下的老人是悲剧性的，但他身上却有着尼采"超人"的品质，泰然自若地接受失败，沉着勇敢地面对死亡，这种"硬汉子"形象体现了海明威的人生哲学和道德理想，即人类不向命运低头，永不服输的斗士精神和积极向上的乐观人生态度。

## 俄 国

### 列夫·托尔斯泰

| | |
|---|---|
| 身份 | 批判现实主义作家、政治思想家、哲学家 |
| 主要成就 | 俄国批判现实主义作家；列宁称其为"俄国革命的镜子" |
| 代表作品 | 《安娜·卡列尼娜》《复活》《战争与和平》 |
| 经典语录 | 一个人给予别人的东西越多，而自己要求的越少，他就越好；一个人给予别人的东西越少，而自己要求的越多，他就越坏。 |
| 艺术特色 | 托尔斯泰作品的主要特点是朴素，力求最充分、最确切地反映生活的真实情况或表达自己的思想。 |

## 第三章　外国文学

| | | |
|---|---|---|
| 契诃夫 | 身份 | 作家、剧作家 |
| | 主要成就 | 批判现实主义作家；"世界三大短篇小说巨匠"之一 |
| | 代表作品 | 《套中人》《变色龙》《小公务员之死》 |
| | 经典语录 | 人的一切都应该是美的：面容、衣裳、心灵、思想。 |
| | 艺术特色 | 契诃夫创造了一种内容丰富深刻、形式短小精悍的短篇小说体裁。在这种短篇小说中，作家以普通人的日常生活为题材，凭借巧妙的艺术手法对生活和人物的心理进行真实而又细致的描绘和概括，从而展示出重要的社会内容。 |

### 主要作品介绍

#### 《变色龙》

栩栩如生地塑造了虚伪逢迎、见风使舵的巡警奥楚蔑洛夫，当他以为小狗是普通人家的狗时，就扬言要弄死它并惩罚其主人；当他听说狗主人是席加洛夫将军时，一会儿额头冒汗，一会儿又全身哆嗦。通过对人物如同变色龙似的不断变化的态度的细节描写，有力地嘲讽了沙皇专制制度下封建卫道士的卑躬屈膝的嘴脸。作品以诙谐幽默的笔调刻画了一个见风使舵的奴才形象，针砭当时社会的丑恶现象。

### • 苏 联

| | | |
|---|---|---|
| 高尔基 | 身份 | 政论家、诗人、学者、作家 |
| | 主要成就 | 社会主义现实主义文学奠基人 |
| | 代表作品 | 长篇小说《母亲》，散文诗《海燕》 |
| | 经典语录 | 书籍是人类进步的阶梯。 |
| | 艺术特色 | 写书风格坦诚而富有激情，对社会热切关注。 |

## 📖 主要作品介绍

### 《童年》

讲述了阿廖沙（高尔基的乳名）的童年生活，生动地再现了十九世纪七八十年代沙俄下层人民的生活状况，写出了高尔基对苦难的认识，对社会和人生的独特见解，字里行间涌动着一股生生不息的热望与坚强。

### 《在人间》

高尔基用圆润的笔法书写自己少年时代的生活，他用自身的生活经历，反映了当时俄国社会生活的一些典型特征和当时社会的风俗人情。

**奥斯特洛夫斯基**

| | |
|---|---|
| 身份 | 无产阶级革命家、作家 |
| 主要成就 | 无产阶级作家；苏联作家协会会员 |
| 代表作品 | 《钢铁是怎样炼成的》 |
| 经典语录 | 人的一生应该这样度过：当回忆往事的时候，他不会因为虚度年华而悔恨，也不会因为碌碌无为而羞愧。 |
| 艺术特色 | 奥斯特洛夫斯基的作品再现了当时苏联人民的信念、理想和情操，描绘了苏联人民在那个时代的奋斗精神和忘我的劳动热情。 |

## 📖 主要作品介绍

### 《钢铁是怎样炼成的》

是一部半自传性质的纪实作品，作者将自己的人生经历加以提炼，以文学的手法进行重塑，诞生了小说的主人公保尔·柯察金。小说以保尔的人生经历为核心，记述了他从普通青年成长为红军战士，并不懈地为理想奋斗的过程。作品形象地为青年一代阐述了共产主义理想，以及如何为共产主义理想去努力奋斗和过革命战士应当有的人生。书中，"人最宝贵的是生命"的自白反映了一名勇敢坚强的共产主义者的人生观。

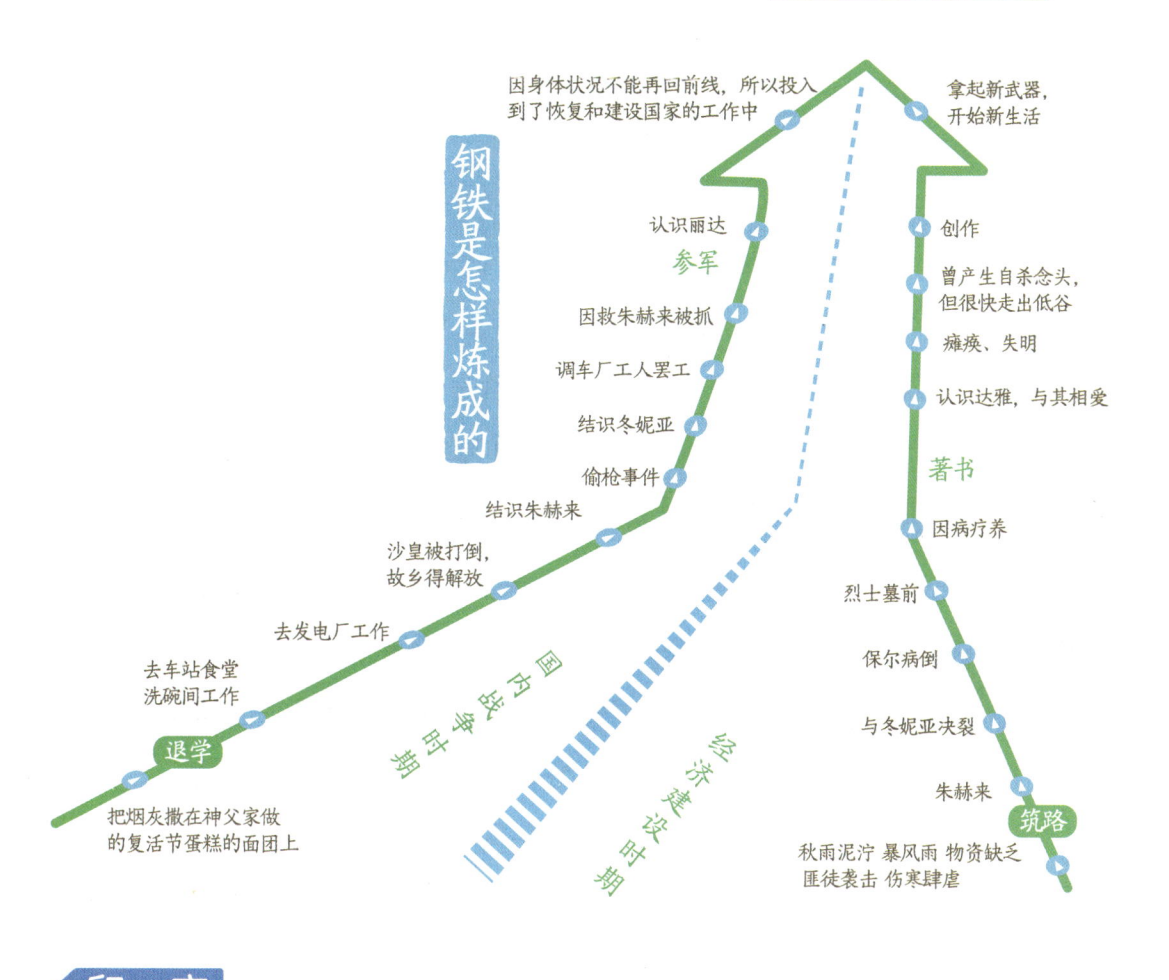

第三章　外国文学

## 钢铁是怎样炼成的

**退学**
- 把烟灰撒在神父家做的复活节蛋糕的面团上
- 去车站食堂洗碗间工作
- 去发电厂工作

**国内战争时期**
- 沙皇被打倒，故乡得解放
- 结识朱赫来
- 偷枪事件
- 结识冬妮亚
- 调车厂工人罢工
- 因救朱赫来被抓

**参军**
- 认识丽达
- 因身体状况不能再回前线，所以投入到了恢复和建设国家的工作中

**经济建设时期**
- 筑路
- 秋雨泥泞 暴风雨 物资缺乏 匪徒袭击 伤寒肆虐
- 朱赫来
- 与冬妮亚决裂
- 保尔病倒
- 烈士墓前
- 因病疗养

**著书**
- 认识达雅，与其相爱
- 瘫痪、失明
- 曾产生自杀念头，但很快走出低谷
- 创作
- 拿起新武器，开始新生活

## 印度

**泰戈尔**

| 身份 | 诗人、文学家、社会活动家、哲学家和印度民族主义者 |
| --- | --- |
| 主要成就 | 第一位获得诺贝尔文学奖的亚洲人；"东方诗圣" |
| 代表作品 | 诗集《吉檀迦利》《飞鸟集》《园丁集》《新月集》，小说《沉船》《戈拉》 |
| 经典语录 | 只有经历过地狱般的磨砺，才能练就创造天堂的力量；只有流过血的手指，才能弹出世间的绝响。 |
| 艺术特色 | 泰戈尔在诗歌的体裁、语言及表现方法上能够大胆创新、别具一格。他能把现实题材处理成具有冥想因素，把冥想体裁处理为具有现实成分。 |

## 真题再现

1.（浙江嘉兴·四年级）选择合适的词语填在括号内。

　　纸老虎　　哈巴狗　　变色龙　　应声虫

（1）他没什么大本事，却装样子吓唬人，就是一只（　　）。

（2）在契诃夫的小说中，奥楚蔑洛夫就是一个虚伪逢迎、见风使舵的（　　）。

（3）面对事情，我们应该有自己的见解，不要做（　　）。

2.（辽宁大连·六年级）《童年》是高尔基以自身经历为原型创作的自传体小说三部曲中的第一部。主人公叫阿廖沙。书中还有其他众多人物，比如小茨冈、外祖母、外祖父、萨沙、"好事情"等。请结合阅读，回答问题。

（1）阿廖沙遇到第一个优秀人物是"好事情"，这个绰号是因为＿＿＿＿＿＿＿＿＿＿＿＿＿＿＿＿＿＿＿＿＿＿＿而得来的。

（2）外祖父是一个吝啬、贪婪、专横、残暴的人，但却是第一个教阿廖沙＿＿＿＿＿的人。

3.（山东济宁·六年级）下列选项中对应关系错误的一项是（　　）

　　A.《小英雄雨来》　管桦　雨来

　　B.《爱的教育》　亚米契斯　安利柯

　　C.《穷人》　雨果　渔夫和桑娜

　　D.《童年》　高尔基　阿廖沙

4.（新疆喀什·六年级）根据所学内容连一连。

丹尼尔·笛福　　《匆匆》　　　　　　人类有能力战胜困境、征服自然。

朱自清　　　　《汤姆·索亚历险记》　说明时间飞逝，应该珍惜时间。

马克·吐温　　《鲁滨逊漂流记》　　　展现了中国节日习俗的温馨美好。

老舍　　　　　《北京的春节》　　　　讽刺和批判美国陈腐的教育。

48

## 第四章　通假字

**考试指南**

1. 了解通假字的定义，在文言文阅读中能准确辨别通假字。
2. 准确掌握通假字的读音，并学会辨认。
3. 能够结合上下文解释通假字的意思。
4. 能够找出语句中的通假字，并解释。

学习难度 ★★★★　　考点频率 ★★★

### ● 音近通假字

#### 1. 见，同"现"

**释义**：显现。

**例如**：天苍苍，野茫茫，风吹草低见牛羊。——《敕勒歌》

#### 2. 元，同"原"

**释义**：本来。

**例如**：死去元知万事空，但悲不见九州同。——《示儿》

#### 3. 阁，同"搁"

**释义**：放下。

**例如**：梅雪争春未肯降，骚人阁笔费评章。——《雪梅》

#### 4. 反，同"返"

**释义**：返回。

**例如**：反归取之。及反，市罢，遂不得履。——《郑人买履》

### 5. 知，同"智"

**释义**：见识。

**例如**：君子博学而日参省乎己，则知明而行无过矣。——《劝学》

### 6. 惠，同"慧"

**释义**：聪明。

**例如**：梁国杨氏子九岁，甚聪惠。——《杨氏之子》

### 7. 与，同"欤"

**释义**：句末语气词。

**例如**：为是其智弗若与？曰：非然也。——《学弈》

### 8. 为，同"谓"

**释义**：说。

**例如**：两小儿笑曰："孰为汝多知乎？"——《两小儿辩日》

### 9. 亡，同"无"

**释义**：没有。

**例如**：最喜小儿亡赖，溪头卧剥莲蓬。——《清平乐·村居》

### 10. 那，同"哪"

**释义**：哪里。

**例如**：欲问行人去那边？眉眼盈盈处。——《卜算子·送鲍浩然之浙东》

### 11. 华，同"花"

**释义**：花。

**例如**：常恐秋节至，焜黄华叶衰。——《长歌行》

## 12. 坐，同"座"

释义：座位。

例如：郑人有欲买履者，先自度其足，而置之其坐。——《郑人买履》

## 13. 禽，同"擒"

释义：抓住。

例如：两者不肯相舍，渔者得而并禽之。——《鹬蚌相争》

## 14. 还，同"旋"

释义：转身。

例如：叶公见之，弃而还走。——《叶公好龙》

# 形近通假字

## 1. 说，同"悦"

释义：愉快。

例如：学而时习之，不亦说乎？——《论语·学而》

## 2. 被，同"披"

释义：穿着。

例如：同舍生皆被绮绣。——《送东阳马生序》

## 3. 女，同"汝"

释义：你。

例如：三岁贯女，莫我肯顾。——《诗经·硕鼠》

## 真题再现

1.（北京·四年级）阅读古文，回答问题。

郑人买履

　　郑人有欲买履者，先自度其足，而置之其坐。至之市，而忘操之。已得履，乃曰："吾忘持度。"反归取之。及反，市罢，遂不得履。人曰："何不试之以足？"曰："宁信度，无自信也。"

指出下列句子中的通假字。

　　而置之其坐（　　　）同（　　　）　　反归取之（　　　）同（　　　）

2.（重庆·五年级）下列加点的字，解释不正确的一项是（　　　）

　　A. 万马齐喑。（沉默。）

　　B. 天戴其苍，地履其黄。（鞋子。）

　　C. 题临安邸。（旅店。）

　　D. 死去元知万事空。（通假字，同"原"，本来。）

3.（湖南娄底·六年级）判断下列说法是否正确，正确的打"√"，错误的打"×"。

（1）"梁国杨氏子九岁，甚聪惠。"这句话中的"惠"是通假字，同"慧"。（　　　）

（2）"孰为汝多知乎？"这句话中的"为"和"知"都是通假字。（　　　）

4.（浙江杭州·六年级）指出下列句子中的通假字，并释义。

（1）扁鹊望桓侯而还走。＿＿＿＿同＿＿＿＿，意思为＿＿＿＿＿＿＿＿＿＿＿＿＿＿＿＿＿＿＿。

（2）火齐之所及也。＿＿＿＿同＿＿＿＿，意思为＿＿＿＿＿＿＿＿＿＿＿＿＿＿＿＿＿＿＿。

# 第五章　古今异义词

**考试指南**

1. 了解古今异义词的含义及其演变的类型。
2. 把握古今异义词的联系和区别。
3. 能够解释字或词的古义和今义。

学习难度 ★★★★　　考点频率 ★★★★

## • 词义转移

**走**

古义：跑。

例如：双兔傍地走。

——《木兰诗》

今义：行走。

例如：我走了一小时才到家。

**去**

古义：距离。

例如：我以日始出时去人近。

——《两小儿辩日》

今义：从所在地到别的地方。

例如：他要去上海旅游了。

## 厌

古义：满足。

例如：学而不厌，诲人不倦。
　　　　　　　　——《论语》

今义：厌恶。

例如：他讨厌这地方春天的柳絮。

## 兵

古义：兵器。

例如：斩木为兵，揭竿为旗。
　　　　　　　　——《过秦论》

今义：士兵。

例如：士兵们每天都要训练。

## 鲜美

古义：新鲜美好。

例如：芳草鲜美，落英缤纷。
　　　　　　　　——《桃花源记》

今义：食物味道好。

例如：今天的鸡汤很鲜美。

## 第五章　古今异义词

### 涕

**古义**：眼泪。
例如：临表涕零，不知所言。
　　　　　——《出师表》

**今义**：鼻涕。
例如：小明擦了擦鼻涕。

### 汤

**古义**：热水。
例如：及其日中如探汤。
　　　　　——《两小儿辩日》

**今义**：食物煮熟后所得的汁水。
例如：今晚有三菜一汤。

### 狱

**古义**：诉讼案件。
例如：小大之狱，虽不能察，必以情。
　　　　　——《曹刿论战》

**今义**：监狱。
例如：他刚刚从监狱刑满释放。

55

## 小学语文 文学常识

**毛**

古义：草木。
例如：不毛之地。
——《公羊传·宣公十二年》

今义：动植物的皮上所生的丝状物。
例如：小红养的小猫一到夏天就掉很多毛。

**烈士**

古义：有气节、有壮志的人。
例如：烈士暮年，壮心不已。
——《龟虽寿》

今义：为正义事业而牺牲的人。
例如：小丽的父亲是烈士。

**布衣**

古义：平民。
例如：臣本布衣，躬耕于南阳。
——《出师表》

今义：用布做成的衣服。
例如：他的布衣有些破旧了。

## 第五章　古今异义词

**绝境**

古义：与世隔绝的地方。

例如：率妻子邑人来此绝境。
　　　——《桃花源记》

今义：无出路的境地。

例如：他的生活陷入了绝境。

**交通**

古义：交错相通。

例如：阡陌交通，鸡犬相闻。
　　　——《桃花源记》

今义：各种运输事业。

例如：这里的交通非常便捷。

**可以**

古义：可以凭借。

例如：可以一战。
　　　——《曹刿论战》

今义：表示可能或能够。

例如：我这周可以去踢足球。

## 词义扩大

### 江

**古义：** 专有名词，指长江。
例如：江入大荒流。
——《渡荆门送别》

**今义：** 江河的通称。
例如：今天的江面很平静。

### 河

**古义：** 专有名词，指黄河。
例如：饮于河、渭。
——《夸父逐日》

**今义：** 天然或人工开凿的水道。
例如：公园里的小河很清澈。

### 少女

**古义：** 小女儿。
例如：炎帝之少女，名曰女娃。
——《精卫填海》

**今义：** 年轻未婚女子。
例如：她是一个可爱的少女。

## 第五章　古今异义词

• **词义缩小**

**金**

古义：泛指一切金属。

例如：锲而不舍，金石可镂。
　　　　　　　——《荀子·劝学》

今义：专指黄金。

例如：是金子总会发光。

**儿女**

古义：青年男女。

例如：无为在歧路，儿女共沾巾。
　　　　　　——《送杜少府之任蜀州》

今义：儿子和女儿。

例如：她的儿女都很可爱。

**妻子**

古义：妻子和孩子。

例如：率妻子邑人来此绝境。
　　　　　　——《桃花源记》

今义：男子的配偶。

例如：他有一个美丽的妻子。

## 丈人

古义：老人。
例如：子路从而后，遇丈人。
——《论语》

今义：岳父。
例如：他去丈人家吃午饭。

## 丈夫

古义：成年男子。
例如：太后曰："丈夫亦爱怜其少子乎？"
——《触龙说赵太后》

今义：女子的配偶。
例如：她的丈夫是一个勇敢、聪明的男人。

## 太山

古义：泛指大山、高山。
例如：方鼓琴而志在太山。
——《伯牙鼓琴》

今义：山名，位于山西省太原市的太山。
例如：暑假我们去太山玩了。

## 词义弱化

### 怨

**古义**：表示仇恨、怨恨，程度重。
例如：构怨于诸侯。
——《齐桓晋文之事》

**今义**：表示埋怨、责备，程度轻。
例如：我有些埋怨他。

### 饿

**古义**：严重的饥饿，已达到受死亡威胁的程度。
例如：涂有饿莩而不知发。
——《寡人之于国也》

**今义**：一般的肚子饿，程度轻。
例如：因为没吃饭，我感觉很饿。

## 词义强化

### 恨

**古义**：遗憾、不满。
例如：辍耕之垄上，怅恨久之。
——《陈涉世家》

**今义**：仇视、怨恨。
例如：我对他恨之入骨。

**小学语文** 文学常识

**诛**

古义：责备、谴责。
例如：朽木不可雕也，粪土之墙不可圬也！于予与何诛？
——《论语》

今义：惩罚、杀死。
例如：他是人人得而诛之的汉奸。

◆ 感情色彩变化

**卑鄙**

古义：社会地位低微，见识短浅。
例如：先帝不以臣卑鄙。
——《出师表》

今义：品质恶劣。
例如：他为人卑鄙。

**爪牙**

古义：武臣或得力助手。
例如：祈父，予王之爪牙。
——《诗经》

今义：比喻坏人的党羽或帮凶。
例如：为了谋求高官厚禄，他甘当敌人的爪牙。

## 第五章 古今异义词

**无赖**

古义：顽皮，淘气。
例如：最喜小儿亡赖。（"亡"同"无"）
——《清平乐·村居》

今义：游手好闲、品行不端的人。
例如：这个人是个无赖。

**乖**

古义：背离，违反。
例如：行为偏僻性乖张。
——《红楼梦》

今义：（小孩儿）不闹；听话。
例如：小宝很乖，邻居们都喜欢他。

## 真题再现

1. （湖南长沙·六年级）阅读古文，回答问题。

两小儿辩日

孔子东游，见两小儿辩斗，问其故。

一儿曰："我以日始出时去人近，而日中时远也。"

一儿曰："我以日初出远，而日中时近也。"

一儿曰："日初出大如车盖，及日中则如盘盂，此不为远者小而近者大乎？"

一儿曰："日初出沧沧凉凉，及其日中如探汤，此不为近者热而远者凉乎？"

孔子不能决也。

两小儿笑曰："孰为汝多知乎？"

（1）解释下列加点词并比较古今义有何不同。

①日始出时去人近。

古义：_____。　　今义：_____。

②及其日中如探汤。

古义：_____。　　今义：_____。

（2）文中"孔子不能决"说明了什么？

_____

2. （吉林长春·六年级）

子贡问曰："孔文子何以谓之'文'也？"子曰："敏而好学，不耻下问，是以谓之'文'也。"

写出加点汉字的古义与今义。

古义：_____。　　今义：_____。

# 第六章　借　代

**考试指南**

1. 在阅读中，能辨析出借代这一修辞手法。
2. 结合文章，分析作者通过借代所表达的情感。
3. 分析运用借代后的语句所展现的画面。

学习难度 ★★★　　考点频率 ★★★★

## 部分代整体

### 1. 丁——字

出自成语"目不识丁"，指不认识"丁"字，在这里用"丁"来代指所有汉字。

### 2. 鳞——鱼

范仲淹《岳阳楼记》中："沙鸥翔集，锦鳞游泳。"用"鳞"代指鱼。

### 3. 桑梓——故乡

古人常在房屋旁边种桑树和梓树，因此用桑梓代指故乡。

### 4. 手足——兄弟

古人认为，人的手和脚是身体的重要部位，手足之间的关系也是非常密切的，就像兄弟之间的亲情，所以用手足代指兄弟。

## 5. 桑麻——农事

桑和麻是古代重要的农作物，被用来养蚕和纺织，所以用桑麻代指农事。

## • 具体代抽象

### 1. 汗青——史册

古代在竹简上书写，先以火烤青竹，使水分渗出，再刮去青皮，便于书写，避免虫蛀，因此后世把著作完成叫作汗青，用"汗青"代指"史册"。

### 2. 鸿雁——书信

《汉书》中有鸿雁传递书信的故事，后人常用鸿雁代指书信。

### 3. 同窗——同学

同窗指的是在同一所学校读书的人，因此同窗就被用来代指同学。

### 4. 庙堂——朝廷

庙堂指的是太庙的明堂，是古代帝王祭祀、议事的地方，因此被用来代指朝廷。

### 5. 祝融——火灾

祝融是上古神话中的火神、灶神，掌管火种，传说是他将火种带到人间，因此用祝融来代指火灾。火灾也被称为"祝融之灾"。

### 6. 杏林——中医学界

相传三国时吴国董奉为人治病不收钱,只求重病愈者为之种杏五株,轻者一株,数年后形成了杏林。后常以"杏林"代指中医学界。

### 7. 桃李——学生

桃李指老师辛勤栽培的学生,人们常用"桃李满天下"形容一个老师的学生多。

### 8. 杜康——美酒

相传杜康是古代最初造酒的人,后来用杜康作为美酒的代称。

### 9. 烽火——战争

古代通信条件落后,消息传递不及时,在敌人进犯时,往往是点燃烽火台上的烽火来传递信息,以此让后方知道前方遇到了战事,所以用烽火代指战争。

## 结果代原因

### 1. 股栗——害怕

苏轼在《教战守策》中说过:"论战斗之事,则缩颈而股栗。""股"指大腿,"栗"的意思是颤抖,股栗的意思就是大腿发抖,所以人们用"股栗"代指害怕。

### 2. 汗马——战功

将士骑马作战,马累得出汗,所以用汗马代指战功。

### 3. 捧腹——大笑

"捧腹"指的是人在大笑时捂住肚子的样子,现在人们经常用"捧腹大笑"来形容人大笑的样子,因此捧腹就用来代指大笑。

### 4. 酸鼻——难过

出自宋玉的《高唐赋》:"孤子寡妇,寒心酸鼻。"酸鼻指的是人悲伤欲泣时,鼻子会发酸,因此用酸鼻代指人悲伤难过的情绪。

## 特征代本体

### 1. 纨绔——富家子弟

纨绔指富家子弟穿的用细绢做成的裤子,泛指有钱人家子弟的华美衣着,代指富家子弟。

### 2. 巾帼——妇女

巾帼是古代妇女的头巾和发饰,后用作妇女的代称。

### 3. 须眉——男子

须眉指的是胡须和眉毛,古代男子一般都会留胡子,以胡须和眉毛浓密为美,后用须眉代指男子。

### 4. 朱门——富贵人家

古代王公贵族的住宅大门漆成红色,表示尊贵。因此用朱门代指富贵人家。

### 5. 粉黛——年轻貌美的女子

出自白居易的《长恨歌》："回眸一笑百媚生，六宫粉黛无颜色。"粉黛原指古代女子的化妆用品，后被用来代指年轻貌美的女子。

### 6. 布衣——平民

古代的平民百姓普遍穿麻布制成的衣服，因此布衣被用来代指平民。

### 7. 黄发——老人

指的是老人头发由白转黄，所以用黄发来代指老人。

## • 工具代本体

### 1. 三尺——法律

古代法律写在三尺长的竹简上，叫三尺法。

### 2. 丝竹——音乐

丝竹是弦乐器和管乐器的统称，后成为音乐的代称。

### 3. 干戈——战争

干，盾牌；戈，戟。干戈，作为武器常在战争中使用，泛指战争。

### 4. 尺素——书信

古人常用一尺长的白色绢帛来写信或作画，因此用尺素来代指书信。

## 真题再现

1.（北京·二年级）"一面队旗，一把铜号。一队'红领巾'，一片欢笑。"这里的"红领巾"不是指我们平时戴的红领巾，而是指＿＿＿＿＿＿，不能用"条"，这里运用了借代的修辞手法。

2.（甘肃定西·六年级）与常见借代词语搭配不符的一项是（　　）

　　A. 三尺——囚犯　　　　B. 桑梓——故乡
　　C. 同窗——同学　　　　D. 尺素——书信

3.（江西抚州·六年级）下列诗句分别运用了什么修辞手法，把答案填在括号里。

　　A. 借代　　B. 拟人　　C. 夸张　　D. 比喻

　①五岭逶迤腾细浪，乌蒙磅礴走泥丸。（　　）
　②一水护田将绿绕，两山排闼送青来。（　　）
　③遥望洞庭山水翠，白银盘里一青螺。（　　）
　④孤帆远影碧空尽，唯见长江天际流。（　　）

4.（北京·六年级）对下列句子所用修辞手法的判断，错误的一项是（　　）

　　A. 竹节人手上系上一根冰棍棒，就成了手握金箍棒的孙悟空，号称"齐天小圣"，四个字歪歪斜斜刻在竹节人背上，神气！（拟人）
　　B. 羊群一会儿上了小丘，一会儿又下来，走到哪里都像给无边的绿毯绣上了白色的大花。（排比）
　　C. 啄木鸟像医生一样，在给树治病。（比喻）
　　D. 下课时，教室里摆开场子，吸引一圈黑脑袋，攒着观战，还跺脚拍手，咋咋呼呼，好不热闹。（借代）

# 第七章 文言虚词

**考试指南**

1. 熟练掌握文言虚词的释义及用法。
2. 掌握同一虚词不同词性的释义。

学习难度 ★★★　　考点频率 ★★★★

## 1. 之

（1）代词

释义：代指人或事物。

例如：思援弓缴而射之。——《学弈》

（2）助词

①释义：相当于"的"。

例如：以子之矛陷子之盾。——《自相矛盾》

②释义：放在主谓之间，取消句子独立性，可不翻译。

例如：师道之不传也久矣。——《师说》

## 2. 其

（1）代词，第三人称代词

释义：他（她、它）的；他（她、它）们的。

例如：孔君平诣其父，父不在，乃呼儿出。——《杨氏之子》

（2）副词，在句中表示加强反问语气

释义：难道。

例如：其真无马邪？——《马说》

（3）指示代词

释义：那个。

例如：其人弗能应也。——《自相矛盾》

（4）指示代词

释义：表示"其中的"，后面多为数词。

例如：蜀之鄙有二僧：其一贫，其一富。——《为学一首示子侄》

## 3. 以

（1）介词

①释义：因为。

例如：君子不以言举人，不以人废言。——《论语》

②释义：用、拿、把。

例如：以子之矛陷子之盾。——《自相矛盾》

（2）副词

释义：同"已"，"已经"。

例如：固以怪之矣。——《陈涉世家》

## 4. 于

（1）介词，表示对象

①释义：对，对于，向。

例如：贫者语于富者曰。——《为学一首示子侄》

②释义：与，跟，同。

例如：身长八尺，每自比于管仲、乐毅。——《隆中对》

（2）介词，表示处所

释义：在，到。

例如：群儿戏于庭。——《宋史·司马光列传》

（3）介词，放在形容词之后，表示比较

释义：一般可译为"比"。

例如：青，取之于蓝，而青于蓝。——《荀子·劝学》

## 5. 而

（1）连词，并列关系

释义：而且，又，和。

例如：敏而好学，不耻下问。——《论语》

（2）连词，承接关系

释义：便，就。

例如：择其善者而从之，其不善者而改之。——《论语》

（3）连词，转折关系

释义：却，但是。

例如：树在道边而多子。——《王戎不取道旁李》

## 6. 则

（1）连词，承接关系

释义：就。

例如：夏月则练囊盛数十萤火以照书。——《囊萤夜读》

（2）连词，假设关系

释义：如果，那么。

例如：万钟则不辩礼义而受之。——《鱼我所欲也》

（3）连词，转折关系

释义：却。

例如：余则缊袍敝衣处其间。——《送东阳马生序》

（4）连词，表示判断

释义：就是。

例如：此则岳阳楼之大观也。——《岳阳楼记》

## 7. 者

（1）代词

①指人、事、物、时间、地点等。

释义：……的人、……的东西、……的事情、……的原因等。

例如：京中有善口技者。——《口技》

②在数词后表示几种人、几件事或几样东西。

释义：个、样、项。

例如：或异二者之为。——《岳阳楼记》

③用在"今""昔"等时间词后。

释义：……的时候。

例如：卿今者才略，非复吴下阿蒙！——《孙权劝学》

（2）助词

释义：用在判断句或陈述句的主语后，表示停顿，不译。

例如：①吴广者，阳夏人也。——《陈涉世家》

②北山愚公者，年且九十。——《愚公移山》

## 8. 也

（1）句末语气词，表判断，可不译

例如：陈胜者，阳城人也，字涉。——《陈涉世家》

（2）句末语气词，表陈述语气，可不译

例如：食马者不知其能千里而食也。——《马说》

（3）句末语气词，表感叹语气

释义：啊。

例如：此诚危急存亡之秋也。——《出师表》

（4）句末语气词，表疑问语气

释义：呢。

例如：若为佣耕，何富贵也？——《陈涉世家》

（5）句中语气词，表示语气的停顿，以引起下文

例如：其闻道也亦先乎吾。——《师说》

## 9. 焉

（1）疑问代词

释义：哪里。

例如：且焉置土石？——《愚公移山》

（2）句末语气词

释义：啊，也可不译。

例如：可远观而不可亵玩焉。——《爱莲说》

## 10. 因

（1）连词，表示顺接上文

释义：于是，就。

例如：因释其耒而守株，冀复得兔。——《守株待兔》

（2）介词，表示动作、行为发生的原因、依据、方式

释义：由于，凭借，依靠。

例如：兄女曰："未若柳絮因风起。"——《咏雪》

（3）副词

释义：因此。

例如：因以为号焉。——《五柳先生传》

## 11. 且

（1）副词

①用在动词或数词前，表示动作、行为将要发生。

释义：将，将要，将近。

例如：北山愚公者，年且九十。——《愚公移山》

②表示行为的状态。

释义：姑且，暂且。

例如：存者且偷生，死者长已矣。——《石壕吏》

（2）连词

①表示递进。

释义：况且。

例如：且焉置土石？——《愚公移山》

②表示让步。

释义：尚且，还。

例如：且欲与常马等不可得。——《马说》

③表示并列或递进。

释义：和，而且、并且。

例如：盖余之勤且艰若此。——《送东阳马生序》

## 12. 乃

（1）副词

①释义：竟然。

例如：今乃掉尾而斗，谬矣。——《书戴嵩画牛》

②释义：于是，才，就。

例如：父不在，乃呼儿出。——《杨氏之子》

例如：乃悟前狼假寐，盖以诱敌。——《狼》

（2）判断词

释义：是，就是。

例如：当立者乃公子扶苏。——《陈涉世家》

（3）第二人称代词

释义：你，你的。

例如：家祭无忘告乃翁。——《示儿》

## 13. 所

（1）与动词结合，组成名词性短语

释义：……的人、……的事物、……的情况。

例如：蜀中有杜处士，好书画，所宝以百数。——《书戴嵩画牛》

（2）"所"和"以"连用

①"所以"表示原因。

释义：……的原因。

例如：此先汉所以兴隆也。——《出师表》

②"所以"表示手段或凭借。

释义：用来……的。

例如：师者，所以传道受业解惑也。——《师说》

（3）构成"为……所……"的结构，表被动

例如：为仲卿母所遣，自誓不嫁。——《孔雀东南飞并序》

## 14. 然

（1）代词，起指示作用

释义：这样，那样。

例如：为是其智弗若与？曰：非然也。——《学弈》

（2）连词，表转折关系

释义：然而、但是等。

例如：然足下卜之鬼乎？——《陈涉世家》

（3）助词，分两种情况

①用在形容词之后、副词之后。

释义：……的样子。

例如：有亭翼然临于泉上者，醉翁亭也。——《醉翁亭记》

②用于句尾，表示比拟。

释义：……一般、……似的。

例如：其视杀人若艾草菅然。——《汉书·贾谊传》

## 15. 虽

（1）连词

释义：表让步，虽然。

例如：一人虽听之，一心以为有鸿鹄将至。——《学弈》

（2）连词

释义：表让步，即使。

例如：虽人有百手，手有百指，不能指其一端。

——《口技》

## 16. 为

（1）介词

释义：替，给。

例如：为设果，果有杨梅。——《杨氏之子》

（2）介词

释义：因为。

例如：为是其智弗若与？——《学弈》

（3）动词

释义：做。

例如：见义不为，无勇也。——《论语》

（4）动词

①释义：成为。

例如：子曰："温故而知新，可以为师矣。"——《论语》

②释义：以为。

例如：窃为大王不取也。——《史记·项羽本纪》

（5）表被动

释义：被。

例如：兔不可复得，而身为宋国笑。——《守株待兔》

## 真题再现

1.（四川成都·六年级）虚词"之"的主要用法有：①结构助词，的；②助词，无意义；③代词，代人、事、物；④动词，到。下列句子中加点"之"字用法与其他三项不同的一项是（　　）

　　A. 臣闻之（《师旷论学》）　　B. 如日中之光（《师旷论学》）
　　C. 贫人见之（《东施效颦》）　　D. 因奋力挤之桥下而趋（《活见鬼》）

2.（四川成都·六年级）

　　归钺①，早丧母，父娶后妻，生子，由是失爱。家贫，母即喋喋②罪过钺，父大怒逐之。钺数③困，匍匐道中。比归，母又复杖之，屡濒于死。钺依依④户外，俯首窃⑤泪下，族人莫不怜也。

　　父卒，母与其子居，钺贩盐市中，时私其弟，问母饮食，致⑥甘鲜焉。后大饥⑦，母不能自活。钺往涕泣奉迎⑧。母内自惭，从之。钺得食，先予母、弟，而已有饥色。奉母终身怡然。既老且死，终不言其后母事也。

　　归氏孝子，予既列之家乘矣，身微贱而其行卓⑨，独其宗亲邻里知之，于是思以广其传焉。

　　　　　　　　　　　　　　（选自《归钺传》，有改动）

【注释】①归钺：人名。②喋喋：说话没完没了。③数：屡次。④依依：依恋的样子。⑤窃：偷偷地。⑥致：送达。⑦饥：饥荒，年成不好。⑧奉迎：迎接。奉，敬辞。⑨卓：高。

下列句子中，加点字的意义或用法不相同的一项是（　　）

　　A. 之　①父大怒逐之　　②山中之虎
　　B. 与　①母与其子居　　②似与游者相乐
　　C. 其　①独其宗亲邻里知之　　②必先苦其心志
　　D. 而　①身微贱而其行卓　　②出淤泥而不染

# 第八章　诗词意象

## 考试指南

1. 能够在诗词中找出意象
2. 通过诗词意象把握诗词所蕴含的情感。

学习难度 ★★★　　考点频率 ★★★★

## • 植物类

**梅**　生长在苦寒之中却不畏风霜，有着旺盛的生命力，象征着自强不息的精神和美好高洁的品质。

例如：墙角数枝梅，凌寒独自开。

——［宋］王安石《梅》

**兰**　不与其他花争奇斗艳，象征着淡泊名利和高雅洁净的品性，常用来形容谦谦君子或大家闺秀。

例如：孤兰生幽园，众草共芜没。

——［唐］李白《古风·孤兰生幽园》

**竹**　文人墨客种植在院子里，彰显他们高雅的品质。象征正直清廉、不卑不亢、自信坚强的品质。

例如：宁可食无肉，不可居无竹。

——［宋］苏轼《於潜僧绿筠轩》

**菊** 在秋天绽放，有着独特的气质，淡雅随和，素净清新，象征着君子谦逊低调、隐逸世外的品质。

例如：采菊东篱下，悠然见南山。

——［东晋］陶渊明《饮酒·其五》

**松** 万年长青，象征长寿，也象征不屈不挠、坚韧不拔的品质。

例如：高松出众木，伴我向天涯。

——［唐］李商隐《高松》

**芭蕉** 象征孤独忧愁，离情别绪的凄凉之感。

例如：点滴芭蕉心欲碎，声声催忆当初。

——［清］纳兰性德《临江仙》

**牡丹** 颜色鲜艳，花朵大且枝叶繁茂，代表富贵荣华、兴盛太平。

例如：牡丹，花之富贵者也。

——［宋］周敦颐《爱莲说》

**莲花** "出淤泥而不染"，代表高尚纯洁的品质。

例如：莲，花之君子者也。

——［宋］周敦颐《爱莲说》

**杨柳** 枝叶柔软，随风飘荡，且"柳"与"留"谐音，所以代表离别的不舍之情。

例如：渭城朝雨浥轻尘，客舍青青柳色新。

——［唐］王维《送元二使安西》

**草** 生命力顽强，平凡朴素，代表着坚韧和生生不息。

例如：离离原上草，一岁一枯荣。野火烧不尽，春风吹又生。

——［唐］白居易《赋得古原草送别》

## • 动物类

**鸿鹄** 指天鹅，因飞得很高，所以常用来比喻志向远大的人。

例如：燕雀安知鸿鹄之志哉！

——［汉］司马迁《史记·陈涉世家》

**鸿雁** 随着季节变换而迁徙，往返于南北方之间。游子们看到鸿雁会想起家乡和亲人，因此，鸿雁常代表对家乡和亲人的思念之情。

例如：征蓬出汉塞，归雁入胡天。

——［唐］王维《使至塞上》

**鹰** 人们经常用来比喻志向远大的人，因此，鹰象征着壮志豪情、自由刚劲。

例如：草枯鹰眼疾，雪尽马蹄轻。

——［唐］王维《观猎》

**燕子** 每年会飞去南方过冬，到了春天又会飞回北方。常常被诗人用来表达世事变迁、物是人非。

例如：旧时王谢堂前燕，飞入寻常百姓家。

——［唐］刘禹锡《乌衣巷》

**乌鸦** 被人们视作不祥之物，经常出没在荒郊野岭、人烟稀少的地方，带有衰败、荒凉之意。

例如：枯藤老树昏鸦，小桥流水人家，古道西风瘦马。

——[元]马致远《天净沙·秋思》

**寒蝉** 通常蝉到了秋天，便离消逝不远了，故而寒蝉多用于营造伤感的气氛，表达凄凉和悲苦之意。

例如：寒蝉凄切，对长亭晚，骤雨初歇。

——[宋]柳永《雨霖铃》

· **其他**

**珍珠** 圆润光亮，洁白无瑕。诗人常用珍珠来象征高洁纯真的精神品质。

例如：沧海月明珠有泪，蓝田日暖玉生烟。

——[唐]李商隐《锦瑟》

**酒** 文人墨客悲伤时或开心时会喝酒，酒的出现往往表达他们悲伤或欢欣喜悦的心情。

例如：劝君更尽一杯酒，西出阳关无故人。

——[唐]王维《送元二使安西》

**蜡烛** 蜡烛将自己燃烧殆尽，照亮他人，因此蜡烛代表牺牲自己、无私奉献的精神。

例如：春蚕到死丝方尽，蜡炬成灰泪始干。

——[唐]李商隐《无题》

## 第八章　诗词意象

**亭**　古人离别时经常会去的地方，代表着离别和思念。

例如：长亭外，古道边，芳草碧连天。

——［近代］李叔同《送别》

**月亮**　月亮是乡愁最无言的见证，表达了诗人对故乡和亲人朋友的怀念，是思乡怀人的代名词。

例如：明月几时有？把酒问青天。

——［宋］苏轼《水调歌头》

**山**　文人墨客或赞叹山的景色，或表达自身的情感。在诗词中常用来代表雄心壮志和欢乐的心情。

例如：会当凌绝顶，一览众山小。

——［唐］杜甫《望岳》

**江河**　诗人看到江河或心潮澎湃，或感怀思念。在诗词中常用来代表雄心壮志，有时也代表时光流逝。

例如：滚滚长江东逝水，浪花淘尽英雄。

——［明］杨慎《临江仙·滚滚长江东逝水》

## 真题再现

1.（吉林长春·五年级）阅读古诗，回答问题。

### 枫桥夜泊

[唐] 张继

月落乌啼霜满天，江枫渔火对愁眠。

姑苏城外寒山寺，夜半钟声到客船。

（1）这首诗写了哪几种意象？

（2）通过写这几种意象，诗歌表达了什么情感？

2.（吉林长春·六年级）阅读古诗，回答问题。

### 寒 夜

[宋] 杜耒

寒夜客来茶当酒，竹炉①汤沸火初红。

寻常一样窗前月，才②有梅花便不同。

【注释】①竹炉：用竹篾做成的套子套着的火炉。②才：仅。

（1）"寒夜客来茶当酒"一句，能让人产生哪些联想？

（2）试从"梅花"这个意象来分析诗人在诗中表达的思想感情。

# 第九章 趣味别称

**考试指南**

1. 了解古人、文人的称谓，提高阅读理解能力。
2. 掌握古人的年龄所对应的称谓。

学习难度 ★★★　　考点频率 ★★★★

## ◆ 古人称谓

### 1. 谦称

（1）对他人称呼自己家人

家父、家严、家君 ➡ 对自己父亲的谦称。

家母、家慈 ➡ 对自己母亲的谦称。

内人、拙荆 ➡ 对自己妻子的谦称。

家兄 ➡ 对自己哥哥的谦称。

家姐 ➡ 对自己姐姐的谦称。

舍弟 ➡ 对自己弟弟的谦称。

舍妹 ➡ 对自己妹妹的谦称。

舍侄 ➡ 对自己侄子、侄女的谦称。

犬子、小儿 ➡ 对自己儿子的谦称。

小女 ➡ 对自己女儿的谦称。

（2）君臣谦称

寡、孤 ➡ 古代君主、诸侯王对自己的谦称。

臣、下官、末将、卑职 ➡ 古代大臣对自己的谦称。

（3）对他人称自己

小生、晚学、晚生、不才 ➡ 读书人对自己的谦称。

敝人 ➡ 对人谦称自己。

（4）对他人称呼与自己有关的事物

敝舍、寒舍、舍间、舍下 ➡ 对人谦称自己的家。

拙见、拙笔、拙作 ➡ 用于称自己的文章见解等。

敢问、敢请、敢烦 ➡ 用于问对方问题，或冒犯地请求他人。

薄酒、薄礼 ➡ 用来谦称自己送的酒或礼物。

## 2. 敬称

（1）君臣敬称

陛下、圣上、圣驾、天子、万岁 ➡ 对帝王的敬称。

卿、爱卿 ➡ 皇帝对大臣的敬称。

殿下 ➡ 对皇后、皇太子、亲王、公主的敬称。

（2）逝者敬称

先祖 ➡ 对祖先的敬称。

先考 ➡ 对已逝父亲的敬称。

先慈 ➡ 对已逝母亲的敬称。

先帝 ➡ 对已逝皇帝的敬称。

（3）用于称呼他人对自己的行动

垂爱 ➡ 称对方（多指长辈或上级）对自己的爱护（多用于书信）。

垂怜 ➡ 称对方（多指长辈或上级）对自己的怜爱或同情。

垂问、垂询 ➡ 称别人（多指长辈或上级）对自己询问。

（4）其他敬称

久仰 ➡ 指仰慕已久（与人初次见面时说）。

承蒙 ➡ 受到。

幸会 ➡ 表示跟对方相会很荣幸。

失敬 ➡ 向对方表示歉意，责备自己礼貌不周。

光临 ➡ 称宾客到来。

## 3. 人称

（1）人群称谓

黄口 ➡ 对年幼儿童的称呼。

红颜 ➡ 对年轻貌美女子的称呼。

老苍 ➡ 对老人的称呼。

苍生、黎民、黔首 ➡ 对平民百姓的称呼。

（2）人际关系称谓

同僚 ➡ 对同在一个官署任职的官吏的称呼。

同乡 ➡ 对老乡的称呼。

同袍 ➡ 对战友的称呼，也可用作对朋友、同伴的称呼。

娘子 ➡ 妻子。

郎君 ➡ 丈夫。

吾兄 ➡ 哥哥。

## 4. 年龄称谓

赤子 ➡ 刚出生的婴儿。

襁褓 ➡ 未满周岁的婴儿。

孩提 ➡ 二到三岁的幼儿。

垂髫 ➡ 三四岁到八九岁的小孩儿。

幼学 ➡ 十岁的儿童。

总角 ➡ 八九岁至十二三岁的少年儿童。

豆蔻 ➡ 十三四岁的少女。

及笄 ➡ 女子年满十五岁。

束发 ➡ 男子十五岁。

弱冠 ➡ 男子二十岁。

而立 ➡ 三十岁。

不惑 ➡ 年至四十。

知命 ➡ 年至五十。

花甲 ➡ 六十岁。

古稀 ➡ 七十岁。

耄耋（màodié）➡ 八九十岁。

期颐 ➡ 一百岁。

## 文人称谓

陶渊明 ➡ 山水田园诗人，因家旁边种有五棵柳树，自号"五柳先生"。

王勃 ➡ 聪慧过人、年少成才，人送外号"诗杰"。

陈子昂 ➡ 诗文激昂，风格高峻，有"汉魏风骨"的色彩，被称为"诗骨"。

王维 ➡ 诗中有画，画中有诗，诗歌充满佛学禅意，被称为"诗佛"。

李白 ➡ 诗歌气势豪放，想象奇特瑰丽，人称"诗仙"。

杜甫 ➡ 写诗反映现实，记录历史，人称"诗圣"。

孟郊 ➡ 写诗擅长苦吟，反映世态炎凉变迁，被称为"诗囚"。

刘禹锡 ➡ 诗风充满战斗色彩、豪气冲天，人称"诗豪"。

白居易 ➡ 写诗十分刻苦，且语言通俗易懂，人称"诗魔"。

贾岛 ➡ 苦吟派诗人，写诗喜欢咬文嚼字，人称"诗奴"。

李贺 ➡ 诗作空灵诡异、巧用神话，人称"诗鬼"。

苏轼 ➡ 豪放派诗人，词风奔放豪迈，因被贬黄州，在城外的东坡上开荒种地，自号"东坡居士"。

李清照 ➡ 婉约派代表此人，崇拜陶渊明，借用他《归去来兮辞》中"易安"一词，自号"易安居士"。

## 真题再现

1. （山东潍坊·五年级）连一连。

   豆蔻年华　　　　　　指人七十岁

   弱冠　　　　　　　　指女子十三四岁

   及笄　　　　　　　　指男子二十岁左右

   古稀　　　　　　　　指女子年满十五岁

   期颐　　　　　　　　指人一百岁

   赤子　　　　　　　　成童之年

   襁褓　　　　　　　　未满周岁的婴儿

   束发　　　　　　　　刚出生的婴儿

   令尊　　　　　　　　对他人父亲的敬称

   令堂　　　　　　　　对他人母亲的敬称

2. （吉林长春·六年级）

   为了新中国的成立和建设，无数人执着奋斗直至生命终结：15岁的刘胡兰英勇就义于敌人铡刀下；28岁的毛岸英光荣牺牲在朝鲜战场上；邓稼先研制原子弹时遭受核辐射，62岁病逝；99岁的"中国肝胆外科之父"吴孟超，去世前不久仍工作在手术台旁……

   与上述人物年龄基本吻合的称谓依次是（　　　）

   A．及笄—而立—期颐—花甲

   B．及笄—而立—花甲—期颐

   C．而立—及笄—期颐—花甲

   D．而立—花甲—期颐—及笄

## 第十章 传统节日

**考试指南**

1. 掌握传统节日的别名、时间、习俗、饮食、起源及相关诗句。
2. 了解节日习俗的寓意。

学习难度 ★★★　　考点频率 ★★★★

### • 春　节

**别名：** 年、岁首、新春等

**时间：** 农历正月初一

**习俗：** 贴春联、拜年、放爆竹、祭祖等

**饮食：** 饺子等

**起源：** 在传统的农耕社会，万象更新的立春岁首具有重要意义，衍生了大量与之相关的岁首习俗文化。春节是由岁首祈岁祭祀演变而来，古人在春回大地、终而复始、万象更新的岁首，举行祭祀活动来祭天地众神、祖先的恩德，驱邪攘灾、祈岁纳福。

**积累**

爆竹声中一岁除，春风送暖入屠苏。千门万户曈曈日，总把新桃换旧符。

——[宋]王安石《元日》

### • 元宵节

**别名：** 上元节、天官节、元夕、灯节等

**时间：** 农历正月十五

**习俗：** 猜灯谜、打太平鼓、放烟花等

**饮食：** 元宵

**起源：** 开灯祈福。

### 积累

灯火钱塘三五夜。明月如霜，照见人如画。

——[宋] 苏轼《蝶恋花·密州上元》

## 寒食节

**别名：** 禁烟节、冷节、禁火节、百五节等

**时间：** 清明节前一日或前两日

**习俗：** 吃冷食、祭扫、踏青等

**饮食：** 青精饭、寒食粥、清明果等

**起源：** 春秋时期，晋公子重（chóng）耳流亡他国，介之推始终不离不弃。后重耳归国得权，想封赏介之推，但介之推不求利禄，归隐于绵山。晋文公放火烧山以迫其出山，介之推拒不出山，终被火焚而亡。晋文公感念忠臣之志，下令每年此时都要禁火寒食，以寄哀思。

### 积累

春城无处不飞花，寒食东风御柳斜。

——[唐] 韩翃《寒食》

## 清明节

**别名：** 踏青节、行清节、三月节、祭祖节等

**时间：** 公历4月4日或5日

**习俗：** 祭祖扫墓、郊游踏青等

**饮食：** 青团、冷饽饽等

**起源：** 二十四节气之一——"清明"。

积累

清明时节雨纷纷，路上行人欲断魂。

——[唐]杜牧《清明》

## 端午节

**别名**：端阳节、龙舟节、重午节等

**时间**：农历五月初五

**习俗**：划龙舟、挂艾草与菖蒲、佩戴香囊、拴五色丝线等

**饮食**：粽子、雄黄酒、咸鸭蛋等

**起源**：端午节的由来说法众多，较为普遍的说法是纪念屈原。传说屈原在五月初五跳汨（mì）罗江自尽，后人便将这天作为纪念屈原的节日。此外还有纪念伍子胥、曹娥及介之推等说法。

积累

五色新丝缠角粽，金盘送，生绡画扇盘双凤。

——[宋]欧阳修《渔家傲·五月榴花妖艳烘》

## 七夕节

**别名**：七巧节、七娘会、七夕祭、女儿节、乞巧节等

**时间**：农历七月初七

**习俗**：拜七姐、接露水、斗巧、祈祷姻缘等

**饮食**：巧果、云面、酥糖等

**起源**：源于古代的星宿崇拜，人们将"牛宿星"与"织女星"合称为"牛郎织女"，传说牛郎织女会在每年的七月初七于天上的鹊桥相会。

积累

家家乞巧望秋月，穿尽红丝几万条。

——[唐]林杰《乞巧》

## 中元节

**别名**：七月半等

**时间**：农历七月十五

**习俗**：祭祖、放河灯等

**饮食**：鸭肉、茄饼等

**起源**：丰收祭祖。

### 积累

绛节飘飘宫国来，中元朝拜上清回。

——[唐]李商隐《中元作》

## 中秋节

**别名**：月夕、秋节、拜月节、仲秋节等

**时间**：农历八月十五

**习俗**：祭月、赏月、猜谜语等

**饮食**：月饼、桂花糕、桂花酒等

**起源**：源自天象崇拜，由上古时期秋夕祭月演变而来。

### 积累

今夜月明人尽望，不知秋思落谁家。

——[唐]王建《十五夜望月寄杜郎中》

# 第十章 传统节日

## 真题再现

1. （江苏无锡·三年级）我国有很多传统节日，这些节日都有着深厚的文化内涵和独特的习俗风情。杜牧的关于清明节的古诗，后两句是"_____？_____"；王维的关于重阳节的古诗，诗的前两句是"_____，_____"。除此之外，我知道的传统节日还有_____，节日习俗有_____。

2. （山东潍坊·六年级）下列诗词所表示的节日按照时间的先后顺序排列，正确的一项是（　　）

①家家乞巧望秋月，穿尽红丝几万条。②海上生明月，天涯共此时。③去年元夜时，花市灯如昼。④千门万户曈曈日，总把新桃换旧符。

A. ①③②④

B. ④③②①

C. ①②④③

D. ④③①②

3. （山东潍坊·六年级）根据情境，给习俗选择对应的寓意。

习俗伴随着节日，不同的节日有不同的习俗，每个习俗都蕴含着美好的寓意，七夕节女孩儿穿针引线，寓意_____，过年吃鱼，寓意_____，中秋节一家人吃月饼，寓意_____，重阳节除登高外，还有吃重阳糕的习俗，寓意_____。

A. 心灵手巧

B. 步步高升

C. 团团圆圆

D. 年年有余

# 第十一章 百科常识

**考试指南**

1. 了解四象、北斗、二十八宿的概念及与四个方位的关系,北斗七颗星的名称和作用。
2. 掌握古代历法的由来,纪年法、纪月法、纪日法、纪时法的概念,以及二十四节气歌和来历。
3. 熟记古代地名古称、区域划分、地理名词。

学习难度 ★★★　　考点频率 ★★★★

## • 天　文

### 1. 二十八宿

二十八宿就是二十八颗星星。中国古代选作观测日、月、五星在星空中的运行及其他天象的相对标志。分为四组,每组七宿,与四个方向和四种动物的形象相配。

二十八宿与四个方位的关系是:东方星宿包括角、亢(kàng)、氐(dī)、房、心、尾、箕(jī);北方星宿包括斗(dǒu)、牛、女、虚、危、室、壁;西方星宿包括奎(kuí)、娄(lóu)、昴(mǎo)、毕、觜(zī)、参(shēn);南方星宿包括井、鬼、柳、星、张、翼、轸(zhěn)。

### 2. 四象

四象是中国古代表示天空东、南、西、北四大区星象的四组动物。即东龙、南鸟、西虎、北龟蛇(玄武)。二十八宿体系形成后,以每七宿组成一象。春秋战国时期,为四象配色,即青龙、朱雀、白虎、玄武。

### 3. 北斗

北斗又叫"北斗七星"，七颗星在北方天空中排列成斗勺形。

七颗星分别是：天枢（shū）、天璇（xuán）、天玑（jī）、天权、玉衡、开阳、瑶光。北斗星在古人的生活中具有非常重要的作用，可以通过它来辨别方向和认识星座。

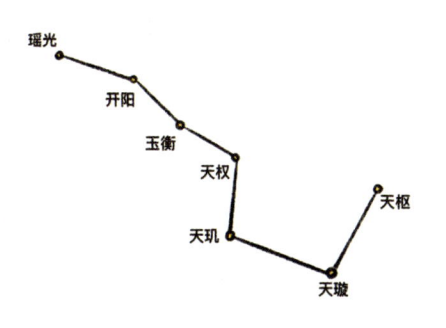

## 历 法

### 1. 纪年法

干支纪年法：十天干和十二地支两两配对，依次组成六十组，一组代表一年，以六十年为一个循环。甲午战争、戊戌变法这些历史事件就是通过干支纪年法来命名的。

| 天干 | 甲 | 乙 | 丙 | 丁 | 戊 | 己 | 庚 | 辛 | 壬 | 癸 |
| --- | --- | --- | --- | --- | --- | --- | --- | --- | --- | --- |
| 地支 | 子 | 丑 | 寅 | 卯 | 辰 | 巳 | 午 | 未 | 申 | 酉 | 戌 | 亥 |

年号纪年法：汉武帝起开始有年号。此后每个皇帝即位一般都要改元，并以年号纪年。如"贞观"是唐太宗的年号，"康熙"是清圣祖的年号。

生肖纪年法：这是我国民间推行的一种与干支密切相关的纪年方法。用十二种动物代表十二地支，比如申为猴，凡是含有申的年份都被称为猴年，在这一年里出生的人都属"猴"。

| 地支 | 子 | 丑 | 寅 | 卯 | 辰 | 巳 | 午 | 未 | 申 | 酉 | 戌 | 亥 |
| --- | --- | --- | --- | --- | --- | --- | --- | --- | --- | --- | --- | --- |
| 年名 | 鼠 | 牛 | 虎 | 兔 | 龙 | 蛇 | 马 | 羊 | 猴 | 鸡 | 狗 | 猪 |

## 2. 纪月法

**序数纪月法**：以序数纪月，将一年分成十二个月，称之为一月、二月、三月……

**时节纪月法**：每个季节里的三个月分别用孟、仲、季代称，如一月是孟春，二月是仲春，三月是季春。

## 3. 纪日法

**序数纪日法**（大月三十日，小月二十九日）：初一、初二、初三、初四、初五、初六、初七、初八、初九、初十、十一、十二、十三……二十九、三十。

**月相纪日法**：用"朔（shuò）、朏（fěi）、望、既望、晦"等表示月相的特称来纪日。每月第一天叫"朔"，每月初三叫"朏"，月中叫"望"（小月十五日，大月十六日），"望"后这一天叫"既望"，每月最后一天叫"晦"。

## 4. 纪时法

**地支纪时法**：用十二地支表示一天的十二个时辰，一个时辰等于现代的两个小时。

**天色纪时法**：根据天色的变化，将一个昼夜分成若干时段。

| 时辰 | 子时 | 丑时 | 寅时 | 卯时 | 辰时 | 巳时 | 午时 | 未时 | 申时 | 酉时 | 戌时 | 亥时 |
|---|---|---|---|---|---|---|---|---|---|---|---|---|
| 时间 | 23~1点 | 1~3点 | 3~5点 | 5~7点 | 7~9点 | 9~11点 | 11~13点 | 13~15点 | 15~17点 | 17~19点 | 19~21点 | 21~23点 |
| 天色 | 夜半 | 鸡鸣 | 平旦 | 日出 | 食时 | 隅中 | 日中 | 日昳 | 哺时 | 日入 | 黄昏 | 人定 |

## 二十四节气

**二十四节气**：中国古老的气象文化，指的是将一年平均分为二十四个节气，每个节气表示太阳经过黄道上位置的变化。

### 1. 二十四节气歌

春雨惊春清谷天，夏满芒夏暑相连。

秋处露秋寒霜降，冬雪雪冬小大寒。

每月两节不变更，最多相差一两天。

上半年来六廿一，下半年是八廿三。

### 2. 二十四节气的来历

二十四节气在天文学上是根据地球在黄道上的位置变化而制定的。古人一开始并没有发现地球是绕着太阳旋转的，那么二十四节气是怎么来的呢？原来，古人是通过一个名叫土圭的简单工具，来观测日影的长度，进而发现影子的长短会根据时间的推移而循环变化。于是，人们将影子最短的一天定为夏至，又称日北至，影子最长的一天定为冬至，又称日南至；而后又将昼夜等长的两天分别定为春分和秋分。在商朝时，只有以上提到的四个节气，当时分别叫仲春、仲夏、仲秋、仲冬。周朝时期，节气发展到八个，多出了立春、立夏、立秋和立冬，作为四季的开始。到了秦汉年间，二十四节气的概念就已经形成了。

## 地 理

### 1. 地名古称

| 今名 | 古称 / 别称 |
| --- | --- |
| 苏州 | 姑苏 |
| 杭州 | 临安、钱塘 |
| 扬州 | 广陵、江都 |
| 开封 | 汴京、东京 |
| 西安 | 长安、西京 |
| 南京 | 金陵、建业、应天、建康、江宁 |
| 北京 | 蓟城、燕京、大都 |
| 成都 | 锦官城 |
| 绍兴 | 会稽 |
| 上海 | 松江府 |
| 南昌 | 洪都 |
| 广州 | 羊城 |
| 合肥 | 庐州、庐阳 |

### 2. 区域划分

州：三皇五帝时代之前即有九州，此时将天下分为九个"州"。

国家：国是古代诸侯王的封地，如战国时的秦国、楚国。大夫的封地则称家。

郡县：古代的两级行政单位，大体相当于今天的省与县。秦始皇统一天下后将天下分为三十六郡，下面设县。

府：府是唐代至清代的行政区划名称。如唐代有京兆府，宋代有开封府，等等。

省：原本是官署的名称，如中书省、门下省。后来元明清三代实行行省制，将地方简称为"省"，后来"省"就成了地方行政区域的名称。

### 3. 地理名词

四海：指全国各地。

海内：古人认为我国疆土四面环海，因此称国境之内为海内。如王勃《送杜少府之任蜀州》中"海内存知己，天涯若比邻"。

九州：大禹将天下分为冀州、兖（yǎn）州、青州、扬州、徐州、豫州、荆州、梁州、雍州九个州。后来用九州泛指中国。

京畿（jī）：国都及附近的地方。

中华：古代华夏族多建都于黄河的南北两岸，在四方少数民族中间，因此称其地为"中国"或"中华"。起初"中国"指黄河中下游一带，后由于历朝疆土逐渐扩大，其所统治的地域都称中国或中华。

中原：又称中土、中州。狭义的中原指今天的河南省一带，广义的中原泛指黄河中下游地区。

关东：明清以前称函谷关或潼（tóng）关以东地区为"关东"，明清开始将位于山海关以东的辽宁、吉林、黑龙江三省统称为关东地区。

关中：秦、汉时期称函谷关以西地区为"关中"，或指今天陕西关中盆地。

三秦：秦朝灭亡后，项羽三分秦朝的故地关中，三秦是关中地区的别称。

江南：指长江下游以南的地区，也泛指长江以南。

江东：江东又称江左，指长江下游南岸地区，也指三国时吴国统治下的全部地区。

山东：战国、秦、汉时期称崤（xiáo）山或华山以东为山东，也泛指战国时秦国以外的六国领土。

西域：汉时指现在玉门关以西的地区。

## 真题再现

（湖南怀化·六年级）

### 有趣的"倒计时"

【材料一】"倒计时"节目是奥运会开幕的重要一环。往届，不管采用什么形式，倒计时一般是从60、30或10开始的，北京冬奥会却是从24开始的。为什么是24呢？因为在中国文化中，24有特殊的含义，它代表我国一种古老的关于岁月的算法——二十四节气。

【材料二】读《二十四节气歌》，重温北京冬奥会开幕式上的倒计时。

### 二十四节气歌

春雨惊春清谷天，夏满芒夏暑相连。

秋处露秋寒霜降，冬雪雪冬小大寒。

立春 ⇒ 雨水 ⇒ 惊蛰 ⇒ 春分 ⇒ 清明 ⇒ 谷雨
大暑 ⇐ 小暑 ⇐ 夏至 ⇐ 芒种 ⇐ 小满 ⇐ 立夏
（①）⇒ 处暑 ⇒ 白露 ⇒ 秋分 ⇒ 寒露 ⇒ 霜降
大寒 ⇐ 小寒 ⇐ （②）⇐ 大雪 ⇐ 小雪 ⇐ 立冬

（1）北京冬奥会开幕式"倒计时"从24开始的原因是：_____。

（2）阅读材料二，结合《二十四节气歌》，补充图表括号里的节气。

① _____

② _____

# 第十二章 文学积累

**考试指南**

1. 能够根据给定的情境写出相应的名言警句或诗句。
2. 根据给出的俗语、谚语、对联、名言警句、歇后语填空。

学习难度 ★★★★　　考点频率 ★★★★

## 俗　语

### 1. 二字俗语

◎ 草包（没有真才实学）

◎ 吃香（受到欢迎，被人重视）

◎ 老练（做事很有经验）

◎ 较真（认真）

◎ 哭穷（口头上向人叫苦装穷）

◎ 冒尖（超出众人）

### 2. 三字俗语

◎ 炒鱿鱼（比喻解雇、解聘）

◎ 挖墙脚（比喻拆台）

◎ 吃小灶（比喻享受特殊照顾）

◎ 下台阶（比喻摆脱窘迫的处境）

◎ 做手脚（比喻暗中作弊）

◎ 出洋相（出丑，闹笑话）

◎ 绊脚石（比喻阻碍前进的人或事）

◎ 打圆场（调解纠纷，缓和僵局）

◎ 下马威（一开头就向对方显示的威力）

◎ 摔跟头（比喻遭受挫折或犯错误）

◎ 开小差（比喻思想不集中）

◎ 烂摊子（比喻不易收拾的局面）

◎ 老狐狸（非常狡猾的人）

◎ 软骨头（比喻没有气节的人）

◎ 笑面虎（外表善、内心狠的人）

◎ 哈巴狗（趋炎附势、百依百顺的人）

◎ 井底蛙（目光短浅、见识狭隘的人）

◎ 马大哈（粗心大意的人）

◎ 落汤鸡（比喻浑身湿透或名利受到极大损失的人）

◎ 旱鸭子（不会游泳的人）

◎ 纸老虎（外强中干的人）

◎ 铁公鸡（吝啬钱财、一毛不拔的人）

◎ 墙头草（比喻善于随情势而改变立场的人）

◎ 戴高帽（比喻对人说恭维的话）

◎ 拦路虎（比喻前进道路上的阻碍和困难）

◎ 避风港（比喻可以躲避激烈斗争的地方）

## 3. 四字俗语

◎ 打退堂鼓（比喻做事中途退缩）

◎ 打马虎眼（故意装糊涂，蒙混骗人）

◎ 打预防针（比喻提前打招呼，让其做好思想准备）

◎ 喝西北风（指没东西可吃，挨饿）

◎ 坐冷板凳（比喻因不受重视而担任清闲的工作）

◎ 半路出家（比喻原来并不从事这一工作，后来才改行从事这一工作）

◎ 钻牛角尖（比喻固执地坚持某种意见，不知道变通）

## 4. 五字俗语

◎ 赶鸭子上架（比喻勉强别人做力所不能及的事）

◎ 贵人多忘事（讽刺显贵者不念旧交，亦嘲笑人健忘）

◎ 病急乱投医（形势危急，盲目求援）

◎ 换汤不换药（比喻只改了形式而实质没变，仍是老一套）

◎ 墙倒众人推（比喻在失势或倒霉时，备受欺负）

◎ 照葫芦画瓢（刻板地照着做）

◎ 不打不相识（通过交手，相互了解）

◎ 二一添作五（指双方平分）

◎ 空口说白话（形容光说话不做事，或光说话而没有行动）

◎ 老牛拉破车（形容慢或办事效率低）

◎ 鲤鱼跳龙门（比喻中举、升学或升官等飞黄腾达之事）

◎ 鸟枪换大炮（比喻情况或条件有很大的改善）

◎ 无巧不成书（形容事情十分巧合）

◎ 小巫见大巫（比喻相形见绌，远远不如）

◎ 行行出状元（比喻不论干哪一行，只要热爱本职工作，就能取得优异的成绩）

◎ 一鼻孔出气（比喻态度和主张相同，含贬义）

◎ 一问三不知（对所问的问题一无所知）

◎ 一锤子买卖（一次性交易，多指不法商贩的行为，含贬义）

◎ 一棍子打死（抓住一点，彻底否定一个人）

◎ 物以稀为贵（东西少就觉得贵重）

◎ 先下手为强（先于别人行动，可以取得优势）

◎ 乱点鸳鸯谱（形容瞎指挥，胡乱撮合）

◎ 脚踏两只船（比喻存心投机取巧而跟两方面都保持联系）

◎ 破罐子破摔（比喻有了缺点、错误，却不加改正，放任自流）

## 5. 六字俗语

◎ 真金不怕火炼（经得起考验）

◎ 放长线钓大鱼（比喻做事从长远打算）

◎ 英雄所见略同（见解大致相同）

◎ 明人不做暗事（光明正大的人不做偷偷摸摸的事）

◎ 不费吹灰之力（办事很容易）

◎ 鸡蛋里挑骨头（比喻故意挑毛病）

◎ 拆东墙补西壁（比喻临时救急）

◎ 百闻不如一见（耳听为虚，眼见为实）

◎ 八竿子打不着（比喻关系疏远或没有关系）

◎ 不分青红皂白（比喻不辨是非）

◎ 驴唇不对马嘴（比喻答非所问或事物两下不相合）

◎ 恭敬不如从命（与其态度谦逊有礼，不如遵从人家的意见）

◎ 有眼不识泰山（比喻见识浅陋，认不出就在眼前的有地位或有本领的人）

◎ 打肿脸充胖子（比喻本没有能耐或钱财却硬装作有的样子）

◎ 生米煮成熟饭（比喻已成事实，无法改变）

◎ 挂羊头卖狗肉（比喻用好的名义做幌子，实际上名不副实）

◎ 家丑不可外扬（内部的不体面的事情不应向外人传扬）

## 6. 七字俗语

◎ 不管三七二十一（意思是不问是非情由，不顾一切）

◎ 浪子回头金不换（指做了坏事的人改过自新后极为可贵）

- ◎ 好心当作驴肝肺（指把好心当作恶意）
- ◎ 各人自扫门前雪（各人只管自己的事情）
- ◎ 打开天窗说亮话（毫无隐瞒地公开说出来）
- ◎ 强中自有强中手（比喻技艺无止境，不能自满自大）
- ◎ 书到用时方恨少（指在用到知识时才后悔当初没认真学习）
- ◎ 偷鸡不成蚀把米（比喻本想占便宜反而吃了亏）
- ◎ 人逢喜事精神爽（人遇到喜庆的事则心情舒畅）
- ◎ 好汉不吃眼前亏（指为人处世要识时务，暂时躲开不利处境）
- ◎ 大树底下好乘凉（比喻有所依托事情就好办）

## 7. 八字俗语

- ◎ 跳进黄河也洗不清（比喻无法摆脱嫌疑）
- ◎ 江山易改，本性难移（人的本性是难以改变的）
- ◎ 捡了芝麻丢了西瓜（比喻抓住了次要的东西而放弃了主要的）
- ◎ 一把钥匙开一把锁（用不同的方法，解决不同的问题）
- ◎ 八仙过海，各显神通（各自施展本领，互相竞赛）

◎ 两虎相争，必有一伤（比喻两个强者相斗，必然有一方要遭受严重的损害）

◎ 心急吃不了热豆腐（着急反而办不成事）

◎ 福无双至，祸不单行（幸运的事不会连续到来，祸事却会连续发生）

◎ 兄弟同心，其利断金（大家只要一条心，就能发挥很大的力量）

◎ 重赏之下，必有勇夫（借用赏金悬赏，就会有勇于干事的人）

◎ 一日为师，终身为父（对师长要永远尊重）

◎ 丑媳妇早晚见公婆（比喻不好的东西迟早要让人知道）

## 8. 九字俗语

◎ 不要在一棵树上吊死（选择用新途径办事）

◎ 东河里没水西河里走（一条路走不通就走另一条路）

◎ 搬起石头砸自己的脚（自作自受，自食恶果）

◎ 一根绳上的两只蚂蚱（互相牵制，谁也跑不了）

## 9. 十字及十字以上俗语

◎ 人往高处走，水往低处流（人要有进取心）

◎ 人无头不走，雁无头不飞（做事必须要有领头人）

◎ 公说公有理，婆说婆有理（难辨谁对谁错）

◎ 人无千日好，花无百日红（好日子不能永远常在）

◎ 宁可信其有，不可信其无（指做事要有充分的准备，防止意外发生）

◎ 人要倒霉，喝口凉水都塞牙（事事都不顺）

◎ 井底的蛤蟆，没见过多大天（见识短）

◎ 天有不测风云，人有旦夕祸福（灾祸很难预料）

## 名言警句

◎ 苟利国家生死以，岂因祸福避趋之。　　　　　　　——林则徐
◎ 人生自古谁无死？留取丹心照汗青。　　　　　　　——文天祥
◎ 宁做流浪汉，不做亡国奴。　　　　　　　　　　　——丰子恺
◎ 常思奋不顾身，而殉国家之急。　　　　　　　　　——司马迁
◎ 瞒人之事弗为，害人之心弗存，有益国家之事虽死弗避。——吕坤
◎ 先天下之忧而忧，后天下之乐而乐。　　　　　　　——范仲淹
◎ 天下兴亡，匹夫有责。　　　　　　　　　　　　　——顾炎武
◎ 一寸丹心图报国，两行清泪为思亲。　　　　　　　——于谦
◎ 以身许国，何时不可为？　　　　　　　　　　　　——岳飞
◎ 捐躯赴国难，视死忽如归。　　　　　　　　　　　——曹植
◎ 位卑未敢忘忧国，事定犹须待阖棺。　　　　　　　——陆游
◎ 死去元知万事空，但悲不见九州同。　　　　　　　——陆游
◎ 一身报国有万死，双鬓向人无再青。　　　　　　　——陆游
◎ 国耻未雪，何由成名？　　　　　　　　　　　　　——李白
◎ 家和贫也足，不义富多扰。　　　　　　　　　　　——申延
◎ 青年时种下什么，老年时就收获什么。　　　　　　——易卜生
◎ 如果错过太阳时你流了泪，那么你也要错过群星。　——泰戈尔
◎ 时间像海绵里的水，只要你愿意挤，总还是有的。　——鲁迅
◎ 人的生命是有限的，可是为人民服务是无限的，我要把有限的生命投入到无限的为人民服务之中去！　　　　　　　　——雷锋
◎ 人无远虑，必有近忧。　　　　　　　　　　　　　——孔子

## 歇后语

### 1. 喻义类

◎ 竹篮打水——一场空

◎ 茶壶里煮饺子——有嘴道（倒）不出

◎ 韩信点兵——多多益善

◎ 丢了西瓜捡芝麻——因小失大

◎ 擀面杖吹火——一窍不通

◎ 黄鼠狼给鸡拜年——没安好心

◎ 泥菩萨过河——自身难保

◎ 芝麻开花——节节高

◎ 岳飞背上刺字——尽忠报国

◎ 丈二的和尚——摸不着头脑

### 2. 谐音类

◎ 下雪天穿裙子——美丽动（冻）人

◎ 咸菜煎豆腐——有言（盐）在先

◎ 外甥打灯笼——照旧（舅）

◎ 小葱拌豆腐——一清（青）二白

◎ 四两棉花——免谈（弹）

◎ 朝着窗外吹喇叭——名（鸣）声在外

◎ 孔夫子搬家——尽是输（书）

◎ 肚子里撑船——内行（航）

◎ 木偶流眼泪——假仁（人）假义

### 3. 来自三国的歇后语

◎ 曹操下江南——来得凶，败得惨

- 曹操败走华容道——不出所料
- 曹操用人——唯才是举
- 曹操杀华佗——讳疾忌医
- 张飞穿针——粗中有细
- 张飞吃豆芽——小菜一碟
- 黄忠叫阵——不服老
- 黄忠射箭——百发百中
- 诸葛亮弹琴——计上心来
- 诸葛亮三气周瑜——略施小技
- 诸葛亮借箭——有借无还
- 诸葛亮吊孝——装模作样
- 诸葛亮用兵——神出鬼没
- 刘备借荆州——有借无还
- 关公射黄忠——手下留情
- 关公喝酒——不怕脸红
- 关云长走麦城——大难临头
- 关公赴会——单刀直入
- 关羽失荆州——骄兵必败
- 关羽降曹操——身在曹营心在汉
- 鲁肃宴请关云长——暗藏杀机
- 周瑜打黄盖——一个愿打,一个愿挨
- 司马昭之心——路人皆知
- 周瑜谋荆州——赔了夫人又折兵
- 草船借箭——满载而归

## 真题再现

1.（山东潍坊·四年级）关于诗的名言，我记住了不少，如朱光潜说："诗和音乐一样，＿＿＿＿＿＿＿＿＿＿＿＿。"艾青说："诗是人类向未来寄发的信息，＿＿＿＿＿＿＿＿＿＿＿＿。"

2.（山东枣庄·五年级）下列歇后语中的谐音字有误的一项是（　　）

　　A. 小葱拌豆腐——一清（青）二白

　　B. 四两棉花——免谈（弹）

　　C. 四月的冰河——开动（冻）了

　　D. 猪鼻子插大葱——装向（项）

3.（四川南充·五年级）把下面对联的下联补充完整，恰当的一项是（　　）

上联：鸡司晨风调雨顺　　下联：犬守夜＿＿＿＿＿＿

　　A. 丰衣足食　　B. 安居乐业　　C. 政通人和　　D. 国泰民安

4.（山东潍坊·五年级）临近春节，同学们都在准备春联，小语写出了上联"春归大地人间暖"，同学们对出了三个下联，你觉得最适合的下联是（　　）

　　A. 绿柳吐絮迎新春　　　B. 福降神州喜临门

　　C. 风和日朗大地春　　　D. 一城山色半城湖

5.（陕西西安·六年级）根据情境填写俗语。

　　读书不能走马观花，要专心致志地品读理解，书中的每个字都有价值，《增广贤文》中的"读书须用意，＿＿＿＿＿＿＿＿"说的就是这个道理，还有书中"听君一席话，＿＿＿＿＿＿＿＿"告诉我们：与见多识广、思想深刻、积极向上的人交谈，也会受益无穷。

# 附录 思维导图巧记百科知识

**世界之最**

- 世界上海拔最高的大洲 —— 南极洲
- 世界上海拔最低的大洲 —— 欧洲
- 世界上面积最大的大洲 —— 亚洲
- 世界上面积最小的大洲 —— 大洋洲
- 跨经度最广的大洲 —— 南极洲
- 跨纬度最广的大洲 —— 亚洲
- 世界上人口自然增长率最高的大洲 —— 非洲
- 世界上人口自然增长率最低的大洲 —— 欧洲
- 世界上海岸线最曲折的大洲 —— 欧洲
- 世界上面积最大的大陆 —— 亚欧大陆
- 世界上面积最小的大陆 —— 澳大利亚大陆
- 世界上面积最大的大洋 —— 太平洋
- 世界上面积最小的大洋 —— 北冰洋
- 跨经度最广的大洋 —— 北冰洋
- 世界上最高大的山脉 —— 喜马拉雅山脉
- 世界上最高的山峰 —— 珠穆朗玛峰
- 世界上最长的山脉 —— 安第斯山脉
- 世界上最长的山系 —— 科迪勒拉山系
- 世界上陆地表面的最低点 —— 死海
- 世界上海洋最深处 —— 马里亚纳海沟
- 世界上最大的海 —— 珊瑚海
- 世界上最大的热带雨林气候区 —— 亚马孙平原
- 世界上面积最大的平原 —— 亚马孙平原
- 世界上海拔最高的高原 —— 青藏高原
- 世界上最大的高原 —— 巴西高原
- 世界上最长的河流峡谷 —— 雅鲁藏布大峡谷

## 小学语文 文学常识

**世界之最**

- 世界上含沙量最大的河流 —— 黄河
- 世界上流经国家最多的河流 —— 多瑙河
- 世界上最小的海 —— 马尔马拉海
- 世界上盐度最高的海 —— 红海
- 世界上盐度最低的海 —— 波罗的海
- 世界上岛屿最多的海 —— 爱琴海
- 世界上沿岸国家最多的海 —— 加勒比海
- 世界上最大的暖流 —— 墨西哥湾暖流
- 世界上最大的寒流 —— 西风漂流
- 世界上最长的海峡 —— 莫桑比克海峡
- 世界上最大的珊瑚礁 —— 大堡礁
- 世界上最深的湖泊 —— 贝加尔湖
- 世界上最大的淡水湖 —— 苏必利尔湖
- 世界上最大的淡水湖群 —— 五大湖群
- 世界上水量最大、流域面积最广的河流 —— 亚马孙河
- 世界上最长的河流 —— 尼罗河
- 世界上最长的内流河 —— 伏尔加河
- 世界上最大的湖泊 —— 里海
- 开凿最早、最长的人工运河 —— 京杭运河
- 世界上货运量最大的国际运河 —— 苏伊士运河
- 世界上面积最大的沙漠 —— 撒哈拉沙漠
- 世界上最大的盆地 —— 西伯利亚盆地
- 世界上面积最大的半岛 —— 阿拉伯半岛
- 世界上面积最大的群岛 —— 马来群岛
- 世界上面积最大的岛屿 —— 格陵兰岛
- 世界上最大的三角洲 —— 恒河三角洲
- 世界上最大的黄土地貌区 —— 黄土高原
- 世界上最长的裂谷带 —— 东非大裂谷
- 世界"雨极" —— 乞拉朋齐
- 世界"湿极" —— 怀厄莱阿莱

# 中国之最

- 中国最大的油田 —— 大庆油田
- 中国最大的林区 —— 东北林区
- 中国最大的丘陵区 —— 东南丘陵区
- 中国面积最大的省级行政区域 —— 新疆维吾尔自治区
- 中国面积最小的省级行政区域 —— 澳门特别行政区
- 中国人口最多的省级行政区域 —— 广东省
- 中国岛屿最多的省级行政区域 —— 浙江省
- 中国海岸线最长的省级行政区域 —— 广东省
- 中国少数民族最多的省级行政区域 —— 云南省
- 中国最大的渔场 —— 舟山渔场
- 中国最大的盐场 —— 长芦盐场
- 中国最大的工业城市 —— 上海
- 中国最大的山城 —— 重庆
- 中国阳光最充足的城市 —— 拉萨
- 中国最大的椰子产地 —— 海南岛
- 中国最大的石刻佛像 —— 四川乐山大佛
- 中国规模最大、保存最完整的宫殿建筑群 —— 北京故宫
- 中国现存海拔最高的宫殿 —— 布达拉宫
- 中国最大的图书馆 —— 中国国家图书馆
- 中国最大的城市广场 —— 天安门广场
- 中国"热极" —— 新疆的吐鲁番
- 中国"冷极" —— 内蒙古根河市
- 中国"干极" —— 新疆的托克逊
- 中国"湿极" —— 台湾的火烧寮
- 中国现存最早、保存最好的石拱桥 —— 赵州桥
- 中国陆地最低点 —— 新疆吐鲁番的艾丁湖洼地
- 中国海拔最高的高原 —— 青藏高原
- 中国海拔最高的盆地 —— 柴达木盆地
- 中国最大的沙漠 —— 塔克拉玛干沙漠
- 中国最大的黄土地貌区 —— 黄土高原

## 中国之最

- 中国面积最大的平原 —— 东北平原
- 中国面积最大的盆地 —— 塔里木盆地
- 中国最大的冲积岛 —— 崇明岛
- 中国最大的半岛 —— 山东半岛
- 中国最大的峡谷 —— 雅鲁藏布江大峡谷
- 中国面积最大的岛屿 —— 台湾岛
- 中国面积最大的群岛 —— 舟山群岛
- 中国最长的河流 —— 长江
- 中国含沙量最大的河流 —— 黄河
- 中国最长的内流河 —— 塔里木河
- 中国最长的运河 —— 京杭运河
- 中国最长的地下河 —— 坎儿井
- 中国最大的咸水湖 —— 青海湖
- 中国最大的淡水湖 —— 鄱阳湖
- 中国最深的湖 —— 长白山天池
- 中国最大的海 —— 南海
- 中国最浅的海 —— 渤海
- 中国最大的瀑布 —— 黄果树瀑布
- 中国1月平均气温最低的地方 —— 漠河
- 中国1月平均气温最高的地方 —— 西沙群岛
- 中国7月平均气温最低的地方 —— 青藏高原
- 中国7月平均气温最高的地方 —— 吐鲁番盆地
- 中国极端气温最低的地方 —— 漠河
- 中国极端气温最高的地方 —— 吐鲁番盆地
- 中国全年平均气温最高的地方 —— 西沙群岛
- 中国全年平均气温最低的地方 —— 青藏高原的五道梁

## 附录 思维导图巧记百科知识

**关于"一"的文学常识**

- 中国第一部纪传体通史 —— 《史记》
- 中国第一部编年体史书 —— 《春秋》
- 中国第一部国别体史书 —— 《国语》
- 中国第一部纪传体断代史 —— 《汉书》
- 中国第一部词典 —— 《尔雅》
- 中国第一部字典 —— 《说文解字》
- 中国第一部诗歌总集 —— 《诗经》
- 中国第一部神话集 —— 《山海经》
- 中国第一部语录体著作 —— 《论语》
- 中国第一部兵书 —— 《孙子兵法》
- 中国第一部大百科全书 —— 《永乐大典》
- 中国第一部科普作品 —— 《梦溪笔谈》
- 中国第一部工农业生产技术论著 —— 《天工开物》
- 中国第一部农业百科全书 —— 《齐民要术》
- 中国第一部药典 —— 《新修本草》
- 中国第一首长篇抒情诗 —— 《离骚》
- 中国第一部日记体游记 —— 《徐霞客游记》
- 中国第一部水文地理专著 —— 《水经注》
- 中国第一部讲述鬼怪故事的小说集 —— 《搜神记》
- 中国第一部长篇章回体历史演义小说 —— 《三国演义》
- 中国第一部浪漫主义章回体长篇神魔小说 —— 《西游记》
- 中国第一部写农民起义的长篇小说 —— 《水浒传》
- 中国第一部文言志人小说集 —— 《世说新语》
- 中国第一部长篇讽刺小说 —— 《儒林外史》
- 中国新文化运动中第一篇白话小说 —— 《狂人日记》

## 小学语文 文学常识

**关于「一」的文学常识**
- 中国第一位伟大的爱国主义诗人 —— 屈原
- 中国第一位山水田园诗人 —— 陶渊明
- 中国第一位开拓"童话园地"的作家 —— 叶圣陶
- 中国第一位儿童文学作家 —— 冰心
- 中国第一位获得"人民艺术家"称号的作者 —— 老舍

**关于「二」的文学常识**
- 儒家两大代表人物 —— 孔子、孟子
- 西汉两司马 —— 司马迁、司马相如
- 史学双璧 —— 《史记》《资治通鉴》
- 大李杜 —— 李白、杜甫
- 小李杜 —— 李商隐、杜牧
- 乐府双璧 —— 《木兰诗》《孔雀东南飞》
- 宋词两大流派 ——
  - 豪放派（以苏轼、辛弃疾为代表人物）
  - 婉约派（以柳永、李清照为代表人物）
- 中国现代文坛的双子星座 —— 鲁迅、郭沫若

**关于「三」的文学常识**
- 三代 —— 夏、商、周
- 三国 —— 魏、蜀、吴
- 三曹 —— 曹操、曹丕、曹植
- 三苏 —— 苏洵、苏轼、苏辙
- 三瘦词人 —— 李清照
- 三山 —— 安徽黄山、江西庐山、浙江雁荡山
- 海上三神山 —— 蓬莱、方丈、瀛洲
- 科举制度中的三元 —— 解（jiè）元、会元、状元
- 殿试三鼎甲 —— 状元、榜眼、探花

120

## 关于"三"的文学常识

- **三教九流**
  - 三教：儒教、佛教、道教
  - 九流：儒家、道家、阴阳家、法家、农家、名家、墨家、纵横家、杂家
- **三纲五常**
  - 三纲：君为臣纲，父为子纲，夫为妻纲
  - 五常：仁、义、礼、智、信
- **三牲**：牛、羊、猪

## 关于"四"的文学常识

- **四大发明**：火药、造纸术、印刷术、指南针
- **四大国粹**：中医、京剧、武术、书法
- **四大名著**：《红楼梦》《西游记》《水浒传》《三国演义》
- **四大古都**：西安（十三朝）、洛阳（十三朝）、南京（六朝）、北京（五朝）
- **四大名楼**：滕王阁、岳阳楼、黄鹤楼、鹳雀楼（一说为蓬莱阁）
- **四大名亭**：醉翁亭、陶然亭、爱晚亭、湖心亭
- **初唐四杰**：王勃、杨炯、卢照邻、骆宾王
- **四大才女**：上官婉儿、卓文君、蔡文姬、李清照
- **四大才子**：唐伯虎、文徵明、祝枝山、徐祯卿
- **四大美女**：西施、王昭君、貂蝉、杨玉环
- **四大美男**：潘安、兰陵王、宋玉、卫玠
- **四大名将**：花木兰、穆桂英、梁红玉、樊梨花（说法不一）
- **四大名医**：扁鹊、华佗、张仲景、李时珍
- **四大神兽**：青龙、白虎、朱雀、玄武
- **四大凶兽**：饕（tāo）餮（tiè）、混沌、穷奇、梼（táo）杌（wù）
- **花中四君子**：梅、兰、竹、菊
- **文人四友**：琴、棋、书、画
- **文房四宝**：笔、墨、纸、砚

## 关于「四」的文学常识

- 佛教四大名山 —— 五台山、普陀山、九华山、峨眉山
- 四大神话 —— 《女娲补天》《嫦娥奔月》《羿射九日》《共工触山》
- 四大名绣 —— 湘绣、蜀绣、粤秀、苏绣
- 四大名锦 —— 蜀锦、云锦、宋锦、壮锦
- 中国古典四大名剧 —— 《西厢记》《牡丹亭》《长生殿》《桃花扇》
- 元杂剧四大悲剧 —— 《梧桐雨》《汉宫秋》《赵氏孤儿》《窦娥冤》
- 四大民间传说 —— 《白蛇传》《牛郎织女》《孟姜女》《梁山伯与祝英台》
- 四大传统节日 —— 春节、中秋节、端午节、清明节
- 莎士比亚四大悲剧 —— 《哈姆莱特》《奥赛罗》《李尔王》《麦克白》（口诀"哈罗李白"）
- 莎士比亚四大喜剧 —— 《威尼斯商人》《仲夏夜之梦》《第十二夜》《皆大欢喜》（口诀"商人夜夜欢喜"）
- 四大吝啬鬼形象 —— 葛朗台、阿巴贡、夏洛克、波留希金

## 关于「五」的文学常识

- 四书五经
  - 四书：《大学》《中庸》《论语》《孟子》
  - 五经：《诗经》《尚书》《礼记》《周易》《春秋》
- 五行 —— 金、木、水、火、土
- 五彩 —— 黄、青、赤、白、黑
- 五音 —— 宫、商、角（jué）、徵（zhǐ）、羽
- 五脏六腑
  - 五脏：心、肝、脾、肺、肾
  - 六腑：胃、胆、三焦、膀胱、大肠、小肠

## 关于"五"的文学常识

- **五更** —— 一更（19—21点）、二更（21—23点）、三更（23—1点）、四更（1—3点）、五更（3—5点）
- **五毒** —— 蜈蚣、蛇、蝎子、壁虎、蟾蜍
- **五湖四海**
  - 五湖：洞庭湖、鄱阳湖、太湖、洪泽湖、巢湖
  - 四海：渤海、黄海、东海、南海
- **五伦** —— 君臣、父子、兄弟、夫妇、朋友
- **五谷** —— 稻、黍（shǔ）、稷（jì）、麦、菽（shū）

## 关于"六"的文学常识

- **《周记》六艺** —— 礼、乐、射、御、书、数
- **六亲** —— 父、母、兄、弟、妻、子
- **六畜** —— 牛、羊、猪、马、鸡、狗
- **六合** —— 天、地、东、南、西、北
- **六部** —— 户部、吏部、礼部、兵部、刑部、工部
- **汉字六书** —— 象形、指事、形声、会意、转注、假借
- **《诗经》六义** —— 风、雅、颂、赋、比、兴
- **佛教六根** —— 眼、耳、鼻、舌、身、意
- **六子全书** —— 《老子》《庄子》《列子》《荀子》《扬子法言》《文中子中说》
- **传统婚嫁六礼** —— 纳采、问名、纳吉、纳徵、请期、亲迎

## 关于"七"的文学常识

- **战国七雄** —— 齐、楚、燕、韩、赵、魏、秦
- **七情** —— 喜、怒、哀、惧、爱、恶（wù）、欲
- **竹林七贤** —— 嵇（jī）康、阮籍（jí）、山涛、向秀、刘伶（líng）、王戎、阮咸

## 关于「八」的文学常识

- **唐宋八大家**　——　韩愈、柳宗元、欧阳修、苏洵、苏轼、苏辙、王安石、曾巩

- **八股文的构成**　——　破题、承题、起讲、入手、起股、中股、后股、束股

- **八仙**　——　李铁拐（李玄）、汉钟离（钟离权）、张果老（张果）、吕洞宾（吕岩）、何仙姑（何琼）、蓝采和（许坚）、韩湘子、曹国舅（曹景休）

- **永字八法**　——　侧（点）、勒（横）、努（直笔）、趯（tì）（钩）、策（仰横）、掠（长撇）、啄（短撇）、磔（zhé）（捺）

- **中国八大菜系**　——　鲁菜、川菜、粤菜、苏菜、浙菜、闽菜、湘菜、徽菜

- **八卦**　——　乾（qián）、坤（kūn）、震（zhèn）、巽（xùn）、坎（kǎn）、离（lí）、艮（gèn）、兑（duì）

## 关于「九」的文学常识

- **九族**　——　玄孙、曾孙、孙、子、自身、父、祖、曾祖、高祖

- **天文九宫**　——　乾宫、坎宫、艮宫、震宫、中宫、巽宫、离宫、坤宫、兑宫

- **书法九势**　——　落笔、转笔、藏锋、藏头、护尾、疾势、掠笔、涩势、横鳞竖勒

- **九州**　——　冀州、兖（yǎn）州、青州、荆州、扬州、梁州、雍州、徐州、豫州（说法不一）

- **北京九门**　——　正阳门、崇文门、宣武门、安定门、德胜门、东直门、西直门、朝阳门、阜（fù）成门

## 附录　思维导图巧记百科知识

### 关于"十"的文学常识

- **十恶**——一为谋反，二为谋大逆，三为谋叛，四为恶逆，五为不道，六为大不敬，七为不孝，八为不睦，九为不义，十为内乱
- **十大名画**——《洛神赋图》《千里江山图》《清明上河图》《富春山居图》《汉宫春晓图》《百骏图》《步辇图》《唐宫仕女图》《五牛图》《韩熙载夜宴图》
- **十天干**——甲、乙、丙、丁、戊、己、庚、辛、壬、癸

### 关于"十二"的文学常识

- **十二地支**——子、丑、寅、卯、辰、巳、午、未、申、酉、戌、亥
- **十二生肖**——（子）鼠、（丑）牛、（寅）虎、（卯）兔、（辰）龙、（巳）蛇、（午）马、（未）羊、（申）猴、（酉）鸡、（戌）狗、（亥）猪

## 关于其他数字的文学常识

- **十三经**：《诗经》《尚书》《周礼》《仪礼》《礼记》《周易》《春秋左传》《春秋公羊传》《春秋穀梁传》《论语》《尔雅》《孝经》《孟子》

- **二十四节气**：立春、雨水、惊蛰、春分、清明、谷雨、立夏、小满、芒种、夏至、小暑、大暑、立秋、处暑、白露、秋分、寒露、霜降、立冬、小雪、大雪、冬至、小寒、大寒

- **三十六计**：
  - 战胜计：瞒天过海、围魏救赵、借刀杀人、以逸待劳、趁火打劫、声东击西
  - 敌战计：无中生有、暗度陈仓、隔岸观火、笑里藏刀、李代桃僵、顺手牵羊
  - 攻战计：打草惊蛇、借尸还魂、调虎离山、欲擒故纵、抛砖引玉、擒贼擒王
  - 混战计：釜底抽薪、浑水摸鱼、金蝉脱壳、关门捉贼、远交近攻、假道伐虢（guó）
  - 并战计：偷梁换柱、指桑骂槐、假痴不癫、上屋抽梯、树上开花、反客为主
  - 败战计：美人计、空城计、反间计、苦肉计、连环计、走为上计

# 参考答案

## 第一章 中国古代文学

1. 不迁怒　不贰过　有礼者敬人　爱人若爱其身
2. 匹夫有责　项羽　生当作人杰　死亦为鬼雄
3. C
4. B
5. B

## 第二章 中国现当代文学

1. B
2. 强烈感情　宁静中回忆起来　冰心　谢婉莹　艾青
3.（1）C　（2）B

## 第三章 外国文学

1.（1）纸老虎　（2）变色龙　（3）应声虫
2.（1）每次叫他吃饭或喝茶时，他总是回答一句好事情
　（2）识字
3. C
4.
丹尼尔·笛福　　《匆匆》　　　　　　　人类有能力战胜困境、改造自然。
朱自清　　　　《汤姆·索亚历险记》　说明时间飞逝，应该珍惜时间。
马克·吐温　　《鲁滨逊漂流记》　　　展现了中国节日习俗的温馨美好。
老舍　　　　　《北京的春节》　　　　讽刺和批判美国陈腐的教育。

## 第四章　通假字

1. 坐　座　反　返

2. B

3. （1）√　（2）√

4. （1）还　旋　回转、掉转

　（2）齐　剂　一种清火、治疗胃病的汤药

## 第五章　古今异义词

1. （1）①距离　从所在地到别的地方　②热水　食物煮熟后所得的汁水

　（2）说明知识无穷尽，即使是大学问家也有所不知。

2. 以……为耻　耻辱

## 第六章　借代

1. 少先队员

2. A

3. ①C　②B　③D　④A

4. B

## 第七章　文言虚词

1. B

2. A

## 第八章　诗词意象

1. （1）这首诗写了落月、啼乌、满天霜、江枫、渔火等意象。

　（2）这首诗以生动的意象和深情的表达，描绘了秋夜的景象并抒发了诗人深深的羁旅思乡之情。

2.（1）首先，客人来了，主人不去备酒，这客人必是熟客，是常客；其次，在寒冷的夜晚，有兴趣出门访客的，一定不是俗人，他与主人定有共同的语言、共同的雅兴，他们的情谊很深。

（2）"梅花"有高洁的志趣，诗人写梅花固然有赞叹梅花高洁的意思，更多的是在暗赞来客，写出了诗人的热情，表明自己和客人一样志同道合，具有高洁的志趣。

## 第九章　称谓知识

1. 豆蔻年华——指女子十三四岁
   弱冠——指男子二十岁左右
   及笄——指女子年满十五岁
   古稀——指人七十岁
   期颐——指人一百岁
   赤子——刚出生的婴儿
   襁褓——未满周岁的婴儿
   束发——成童之年
   令尊——对他人父亲的敬称
   令堂——对他人母亲的敬称

2. B

## 第十章　传统节日

1. 借问酒家何处有　牧童遥指杏花村　独在异乡为异客　每逢佳节倍思亲　端午节　吃粽子

2. D

3. A　D　C　B

## 第十一章 百科常识

（1）在中国文化中，24有特殊的含义，它代表我国一种古老的关于岁月的算法——二十四节气。

（2）①立秋　②冬至

## 第十二章 文学积累

1. 生命全在节奏　诗给人类以朝向理想的勇气

2. D

3. D

4. B

5. 一字值千金　胜读十年书